构建共同记忆　传承大学文脉

交 大 记 忆

SJTU MEMORIES

（第 2 辑）

张安胜　主编

上海交通大学出版社
SHANGHAI JIAO TONG UNIVERSITY PRESS

内容提要

《交大记忆》校史辑刊以"聚焦沧桑岁月，展示时代风貌，构建共同记忆，传承交大文脉"为宗旨，第2辑精选交大各时期前辈师友文章21篇，分为"黉门哲思""上庠菁英""南洋留痕""峥嵘岁月""珍档掌故""风物探源"6个专栏。书中各篇或纵论交大变迁，或讲述师友轶闻，或钩沉母校岁月，或传扬红色记忆，或细数校园珍档风物……从不同视角讲述百年交大故事，书写百年交大记忆，是值得一读的大学校史读本、大学精神读本和红色教育读本。

图书在版编目（CIP）数据

交大记忆. 第2辑 / 张安胜主编. —上海：上海交通大学出版社，2023.8

ISBN 978-7-313-29055-7

Ⅰ.①交…　Ⅱ.①张…　Ⅲ.①上海交通大学—校史　Ⅳ.①G649.285.1

中国国家版本馆CIP数据核字（2023）第122509号

交大记忆（第2辑）
JIAODA JIYI（DI-ER JI）

主　　编：张安胜			
出版发行：上海交通大学出版社	地　　址：上海市番禺路951号		
邮政编码：200030	电　　话：021-64071208		
印　　制：上海盛通时代印刷有限公司	经　　销：全国新华书店		
开　　本：880mm×1230mm　1/32	印　　张：5.75		
字　　数：125千字			
版　　次：2023年8月第1版	印　　次：2023年8月第1次印刷		
书　　号：ISBN 978-7-313-29055-7			
定　　价：32.00元			

本书由上海交通大学机械与动力工程学院
1982届校友刘共庭、冯莺夫妇捐设的
"校史研究基金"资助出版

《交大记忆》编委会

序

Preface

杨振斌

交通大学诞生于民族危难之际，成长于中华崛起之时，兴盛于祖国富强之日。"自强首在储才，储才必先兴学"是交大肇始的历史起点，"起点高、基础厚、要求严、重实践、求创新"是交大坚守的办学传统，"饮水思源，爱国荣校"八字校训彰显交大人融入血脉的家国情怀，"选择交大，就选择了责任"成为新时期交大人共同的价值追求。

交大精神在交大人的血液里流淌，代代传承，川流不息，浩荡向前，终成洪流。承载交大精神的百年交大史不仅载录于恢宏的史志卷帙中，还留存于师生校友间经久传扬的逸闻趣事中，发微于交大人气韵灵动的记忆描述里。因为这些历史故事，交大校史显得如此生动鲜活，积厚流光，青春荡漾；也正因为这些历史记忆，交大精神变得丰满而具体，感性而独特，成为有血有肉有灵魂的文化存在。

我校档案文博管理中心一贯重视学校自身档案的收藏编研，注重师生校友口述记忆资料的采集整理与党史校史故事的发掘运用。2020年3月，我调任上海交通大学党委书记。上任三年多来，我深入校园一线，耳闻目见了许许多多交大人担当有为、奋勇拼搏的感人事迹；同时在工作之余，我认真阅读了多部党史校史书籍，得以深入了解交大求真务实、砥砺前行的百年校史，细细品读了众多蕴意丰富、催人奋进的校史故事。我真切地感受到这些韵味深长的校史故事是一笔弘扬大学精神、凝聚向心力的精神财富，是开展教书育人、激发师生爱国荣校情感的生动教材。2021年，在我的建议下，档案文博管理中心对已版的交大故事集《思源湖——上海交通大学故事撷英》进行压缩精简，推出了切合时代主题的精编版《百年交大故事撷英》，深得师生校友的喜爱与好评。该书作为交大新生的入学教育读本，取得了良好的育人成效。

2022年4月，习近平总书记参观考察中国人民大学校史展时强调指出："要加强校史资料的挖掘、整理和研究……激励广大师生继承优良传统，赓续红色血脉。"作为学习贯彻习总书记讲话精神的一项实际举措，我校决定进一步加强党史校史史料整理、编研与展示育人工作，继续大力推进交大党史校史故事的深挖与编纂工作。其间，虽然遭遇疫情突发的干扰，但是编纂工作没有停止，由分管学校档案文博工作的副校长张安胜主编的《交大记忆》首辑，按原计划于2022年暑期成书，并作为新学年新生校史读本、校友读本陆续下发至全校万余名新生与数千名校友手中。

今年，承续上辑，我们继续推出《交大记忆》第2辑。全书以"聚焦沧桑岁月，展示时代风貌，构建共同记忆，传承交大文脉"为编辑要旨，精选交大各时期前辈师友文章21篇，分为黉门哲思、上庠菁英、南洋留痕、峥嵘岁月、珍档掌故、风物探源6个版块。文章作者有些是为交大发展殚精竭虑的"掌门人"，有些是为学校教书育人事业奉献终生的"大先生"，还有些是知校爱校的师生校友及校史档案工作者。他们从不同视角出发，或记录黉门沧桑，或讲述师友轶闻，或钩沉母校岁月，或细数校园风物……他们书写了交大人的共同记忆和精神风貌，笔端充溢着对昨日交大的挚爱之情，字间传递着对明日交大的勖勉之意。

读史明智，鉴往知来。细细品读《交大记忆》中一则则生动的党史校史故事，我们不仅能探知交大往昔，还能观照交大现今发展脉络；不仅能与交大前贤进行超越时空今昔的对话，还能将交大的历史、精神和文化融入血脉，转化为开拓交大美好未来的不竭动力。我希望《交大记忆》各辑的陆续推出，能为讲好交大故事、传承交大文脉、提升交大文化软实力发挥更加积极的作用；也希望广大师生校友在共同的文化脉动与历史记忆中感悟精神伟力，凝聚奋进力量，勠力同心，为早日实现上海交通大学构建世界顶尖大学的愿景目标而努力奋斗！

是为序。

2023 年 6 月

目录

Contents

黉门哲思

纵论交大发展变迁，探微大学精神文化

开学告诸生

凌鸿勋

　　凌鸿勋（1894—1981），字竹铭，广东番禺人，著名工程学家、教育家。1915年毕业于交通部上海工业专门学校（交大时名）土木科。1920年执教母校，任代理校长。1921年任职交通部，1923年重回母校。1924年，出任母校南洋大学校长，成为交大校史上最年轻的校长。1927年春去职。历任铁道部、交通部技正，陇海铁路工程局局长，粤汉铁路管理局局长，交通部次长、代理部长等职。1948年当选中央研究院院士。1950年迁居台湾，任教于台湾大学，并参与筹创新竹交通大学（今阳明交通大学）。

原载上海南洋大学出版部、南洋公学同学会编：《南洋旬刊》第2卷第1期，1926年3月11日，第2—3页。

勋忝长本校，倏逾一载。适值国事蜩螗，兵争未息。学校经费，拮据异常，扩充未能，支持不易。补苴筹措，心力交疲。犹幸同寅协衷，弦诵未辍；而诸生好学猛进，亦复无间今昔；学校精神，未尝或坠，此真勋所引为深慰者也。今当学期开始，更就勋所薪望于诸生者，一申述之。

吾校成立三十载，声誉卓著，虽历任校长惨淡经营之力，亦实先后毕业诸同学出而应世不负所学有以致之。国事日急，社会所期望于吾校者愈重。若何能维持校誉，发扬而光大之，今日在校者，实责无旁贷。此理至明，无容赘述。勋所欲为诸生告者，诸生欲尽此责任大不易耳。今学术昌明，新知日辟，进步之速，超越前代。交通技术，日益繁赜，以四年有限光阴，欲求成学致用，事已大难。而况吾国交通事业犹在萌芽，频受戕伐，根株已摇。异时补救扩展，经纬万端。若何促技术之改进，若何谋事业之发扬，又非平日讲求有素，无从胜任愉快乎。慨自社会不宁，百业凋敝，有志之士，思以所学救国，恒苦莫由展布。论者遂视读书为迂远，不屑措意，而欲以攘臂号呼，挽救世变，成效若何，宁待蓍龟。

诸生求学有年，当知物质文明之进步，均由铢积寸累而来。今日探求利用，既食前日之赐，即还种他日之因，此后因果递嬗，其迁变且甚于今日，岂复掇拾皮毛，所能自足？外人利用物质，以资侵略。凭借日久，恒关国本。宁肯慑于虚声，拱手让人。与虎谋皮，安有幸理？故今日而言救国，自以培养实力为不易之途径。而欲谋物质之进步，又非利用实学不为功。诚使人各笃学，学获其用，工商进步，媲美强邻。民力既足，国势随张。光复故物，夫岂无术。否则商战剧烈，生计日枯。脂膏枯竭，计日而待。举国狂争，奚济于事？要之处兹竞争时代，各国方以学相尚，不学将落，无术图存，世事万变，此理不易也。

诸生负笈斯校，今以发展交通事业为毕生志事，对于学以致用之理，固已深知确晓。勋更愿诸生念事变之日急，责任之重大，毋为客气所乘，毋为浮言所惑，恢宏志气，砥砺实用，蓄其锋以需大试，养其气以期大成，庶实学报国之初心，终有有志竟成之一日也。

抑尤有进者，吾校功课向称严密，近察诸生于学科之研究，不能不谓为有进；而于精神上之修养，却少留意。先哲有言，士不可以不弘毅，任重而道远。而美国大儒爱迭生氏亦以勤、毅、明三者为成功不二法门。诸生于所学勇猛精进，不患不勤，独恐处兹乱离之世，易感外界刺激，而流为褊激之思。意气激昂，心力纷驰，影响学业，所损已多，效果且不必问，而本志固已抛荒矣。古今伟业，恒艰苦而后就，躁切图功，绝无良果。世变如此，宁空言所能挽。奔走呼号，人尽能为。诸生抱负远大，要当从大处着想，探求症结，熟筹挽救。淬厉平日，制胜一旦。期成就常人所不能就之事业，尤不宜逐庸众之所好，与俗浮沉，以自坠初志也。勋所欲为诸生告者，勤字而外，毅而已矣，明而已矣。至若今后对于校务之进行，自当不以环境之不良而懈素志，于向来严密之教课，淳良之学风，尤当维护。更欲注意于诸生心性上之修养，庶几物质与精神得以调和，成才更为伟大。

诸生爱校思切，忧国心诚，想能共本斯指，提倡实学，砥柱中流，力障狂澜。庶几真才蔚起，事业恢张，而学校荣誉亦复蒸蒸日上，勋实有厚望焉。

交大同学之优点与缺点

赵曾珏（1901—2001），字真觉，上海人，电讯专家。1924年毕业于南洋大学（交大时名）电机工程系，1929年获哈佛大学电讯工程硕士学位，回国后执教浙江大学，历任浙江省电话局局长、交通部邮电司司长、上海公用局局长等职。1949年受聘于美国纽约爱迪生公司，1957年起任美国哥伦比亚大学河畔电子研究所资深研究员。热心母校事业，曾任交大上海同学会、美洲交大校友总会理事长，在旅美校友中极富威望。

原载赵曾珏著：《科学与技术》，中华书局1948年版，第253—258页。本文作于1940年前后。收入本书时文字略有改动。

交通大学包含以前之南洋大学、唐山之唐山大学及北平之铁路管理学院与邮电学校，换言之即合以前交通部所办之各专门学校而成。老同学沈叔逵先生曾为交通大学制一校歌，有"我校仿佛一树葩，一干三枝多丫杈……"之句，盖指交大实合交部所办上海、唐山及北平三处之专门学校而成，是交大乃为交通部所办各学院之联合大学。民国二十六年（1937年）中央为统一教育行政，将交通大学移归教育部管辖主办。

抗战以来，唐山工学院初由津迁沪，继由沪迁湘，现在黔继续上课。北平之铁路管理学院亦暂归唐山学院兼管，同地授课。惟上海之交通大学本部，虽校址数迁，仍留沪上，照目前情势，殊属艰苦。唯闻最近教部决定将机电二系先在重庆设立交大上海部分分校。

著者因手头无交大同学录等参考书籍，不能将交大全部同学作系统之分类。惟年来于役地方与中央各机关，深感我同学之优点特多，但亦不乏缺憾之处。用本相规而善，药石苦口之旨，姑依照个人直觉所得，作简要之陈述。见仁见智，尚希同学有以教正，则幸甚。

兹将各优点分述如下：

（一）实事求是　交大各学院均注重实科，实习设备亦比较完备，考试毕业均从严格；故同学在书本上学得者，均能实际应用。记得从前校歌上有"实心实力求实学"之句，实可代表交大之校风。经历任校长之倡导，教授学生之通同努力，爱好实学，蔚为风气，至今勿替。故毕业同学类多能实事求是，不尚空谈，不慕虚名，埋头苦干，无好高骛远猎民干禄之弊，此实一般交大同学之特质！

（二）平均程度尚优　交大入学考试素主宁缺毋滥，功课方面尤尚严格，学生孜孜矻矻，日无暇晷。故经过数年之训练，平均程度尚优，虽不能谓可以应付一切，而日后研进之途，已有相当基础。一般同学之学术水准，平均皆属优良，因而社会对于交大毕业生，每有不可泯没之信仰！此实母校之光荣！

（三）能独立耐劳苦　学问成绩之优良，精神上之实事求是，卒业以后，大都能独立担任一部分工作，不依赖他人，所谓"靠山"之心理，在交大同学中绝无此观念。是以富有创造精神，任劳任怨，艰苦不避，此交大同学之特长，随时随地可见其表现者也。

至于缺点方面亦有下列数种：

（一）缺少联络　独立精神之过度发展，不免偏于孤立。因凭一己之能力可以博得职业，所谓"无求于人"，对于同学等之联络，遂多数忽略，往往有相差一二级之同学，同在一地而漠不相识，即同系或同班之同学亦有互不知其所在者。此种缺点已流为习惯，于是社交方面，均非所长，合群之力，无形减退。事业之互相联络，同学之相得益彰，发挥互助，交大同学每多不如他人。

（二）轻视社会科学　在求学时代既偏重于所习之学科，卒业以后，又缺乏社交之机会、政治上经济上之讨论与活动，于是除本身事业之外，几不知另有天地，对于政治、经济、历史等社会科学每不免存轻视之偏见。因之毕业后事业之推动每侧重于技术方面，不能俯瞰全局，为社会之主角或事业之中心人物！

（三）缺少伟大之成功　有其因必有其果，交大同学既有上述诸缺点，故虽不乏才智之士，而事业方面每仅有片段之贡献，囿于所处之环境，而不能打破环境，统筹全局，完成伟大之事业。依交大历史之悠久，同学之众多，对于国家社会之贡献，应不止于目前之所成就，未始非上述诸缺憾有以限制之也。

改进之意见：

检讨既往，用策来兹，为吾人之责任。交大同学之优点，应发扬而光大之，其缺点亦应毋庸讳言，力求其改革。倘著者之判断不误，则对症发药，于课程及训育方面，愿以下列诸意见贡献于学校当局及爱护母校之同学。

交大所习科学，大都注重应用科学；但须学习活的科学，而不应学习死的科学。吾人求学，固求其应用，若但讲求理论而不知所以应用，根本毫无用处。然应用方法，变化无穷，日新月异，知其原理者，自能应付裕如，若专讲应用而于原理方面未能彻底了解，则数年之间，所学都成陈迹，亦有何用。据个人意见，其就业后与实际事物接触而极易了解者，似不必于学校中费极多时间于书本上求其明了，以所节省之时间，再多求原理上之研讨，并及于数学、生理、物质等自然科学，以及政治、经济等社会科学，使其完备。交大之课程，素称繁重，而卒业以后，仍本免有基本训练不足之感，此有待母校主持者与同学努力改进者一也。

各种科学均互相联系，譬如物理、化学之于生物、地质及工程等，如能旁征博引，则不特可免读死书之讥，且可增加兴趣，便于记忆。

在母校课程方面，似觉有增添或充实之必要者，有论理学、生物学，及地质学等。论理学，西人称之为"逻辑"，即思维术，如人如能运用论理方法，有举一反三之妙，使数种事物之实例，得综合而求得其原理所在，更推广以至其他各方面。盖所学者有限，而应用则无穷，所谓"科学之科学"，探求真理，左右逢源，不株守于一小部分之知识，固非论理学莫为功也。即如研究数学而论，如能配以论理学之探讨，则数学之应用，不限于计算桥梁之尺度或电机之设计，实可推广至于宇宙间一切事物之哲理，则同学之气度必更臻恢宏，思想更臻伟大，而有生命之意义。母校以前只注重数学而缺少论理一科，实为忽略研究科学之基本工具。因之同学运用数学，只限于几种工程建筑之计算或设计。此种应用，只可谓数学之一部，而非数学在哲学上之全体，其故乃由于缺乏论理之研究。现代一切科学，用观察与实验以收集材料，用抽象假设使材料作合理之联系，在在需要论理学为根据。数十年来我校造就工程、技术及科学人才以数千计，但尚未有伟大之发明家或科学家或由于此乎？

生物学为每人应有之知识，为打通有生命事物之重要学术，对于自身家庭社会一日所不可少者。推而至于社会之组织，非少数人所可成就，各部门实有如人身各细胞器官之各有任务互相联系，故明了生物学者，方可以明了如何推动各事业、组织各部门，使逐渐扩大，有条不紊，而成就伟大之事业。社会为有机体之组织，其新陈代谢结构变化，处处附和生物学之原理；我人所办事业，亦为有生命的，故同学如能彻底明了生物学之原理，则对于事业信誉，以至国家社会，必能了然如何维持其永生。

地质学为贯通无机化学与世界上一切资源之科学。盖世界之无尽宝藏，多取之于地层。欲发展国家之资源及一切实业之建设，非先对物质有相当明了不为功，固与无机化学及一切工程等相辅而行者也。交大同学中尚乏如翁文灏先生之贯通一切者，未始非对于地质学尚少研究之故。以上诸端，私心窃望于母校当局者二也。

研究史学，应更重于研究文学。唐蔚芝先生昔年主持上海校务多年，荩筹硕划，多所建树，道德文章，人所钦敬，提倡国学，尤独具卓见，至今信守勿逾。惟区区之见，似以前所注重者，过于偏重于文艺与经术，而忽略于史学之研究。夫历史包含政治、经济、军事以及社会各部门之发展过程与兴替沿革情形，历史告诉我人过去之事实过去之经验，使我人对过去之错误不再重蹈覆辙；明了前人试验之效果与方法，不但知往，抑且得到参考而知如何应付现代、应付来者。研究数千年来成败得失之迹，而后知如何适应现在之环境；明了数千年来我国民族伟大之贡献与成就，而后知我人处于现代之责任，如何发扬我国之民族精神，保卫我列祖列宗所遗之疆土资源。故研究历史不仅增加死的智识，乃系扩大我人活的智慧！各国各有其历史与特性，他们之事业与方法，有不能削足适履于本国。换言之，适用于欧美者，未必即可应用于中国。必须探本求源，鉴往知来，深切了解本国过去之史实，而后可以谈将来之发展，并采用他国之所长，以配合我之所需。故个人管见，重文毋宁重史。且班马文章，夙推巨擘，而不离乎史，读史亦即所以研究文学。读其大气磅礴之文章，亦可以养成浩然之气，高瞻远瞩。研习其千头万绪、有条不紊之陈述，而后能处置综错复杂之事务。研究史学实一举而数得者也。

更推之于科学之研究，亦不应专门研究片段之科学而忽略科学发展之历史。我人须明了过去各种科学演进之过程而后知将来发展之途径与研究之蕲向，不致彷徨歧途无所适从，更不致徒拾他国之余绪而不谋自己之发展。一种科学事业之发展，常与他种事业发展有连带之关系，相互为用，明了科学进展史实以后，方知如何可以使各种科学平衡发展，如何创造环境以成就伟大事业。此有待于我同学确切之认识者三也。

更有不得已于言者，交大同学事业发展之最大阻碍，为缺少联络精神，推原其故，实学校中社团组织不十分活跃，有以致之。虽各种组织大致完备，而精神上之表现，较之他校犹瞠乎其后。一方面固由于功课之过于严重，实则亦不能积极提倡，使生活方面无自由发展之机会与练习。较之他校师生之间有如父子，同学之间有如兄弟者，不免相形减色。固不求互相扶助，而切磋琢磨，亦不能谓无裨益。抗战以来，交通多阻，联络更稀。东南区同学，不在少数，而咫尺天涯，绝少往还，此东南区同学会之组织，所急不容待者也。非谓树立门户，好自标榜，要知二人同心，其利断金，事业之成就，原有赖于众志之成志，同学间之联络，亦即社交之一部分，扩而充之，为专门技术人员之联络，更扩而充之，为全社会之联络，使十年窗下之学问、埋头苦干之精神，得更有发扬光大之机会，更多贡献社会之事业，是有望于同学之活跃已！

南洋与北洋

茅以升

茅以升（1896—1989），字唐臣，江苏镇江人，著名桥梁工程专家、教育家，中国科学院院士。1916年毕业于交通部唐山工业专门学校（今西南交通大学）。历任交通大学唐山学校副主任、东南大学工科主任、北洋工学院院长、钱塘江大桥工程处处长、交通大学唐山工程学院（今西南交通大学）院长、北方交通大学（今北京交通大学）校长、铁道科学研究院院长等。

原载交通大学上海同学会刊行：《交大友声》1947年第2期，第4页。本文系作者为庆祝交通大学创校五十一周年而作。

南洋大学，为今交通大学之前身，与北洋大学同为我国立大学中历史最久、声誉较著者。国际间，南洋北洋，且并有东方麻省理工大学之誉，而其促进国家建设之事功，则尤有过之。其教学谨严，风气淳朴，成才之众，辉映南北，中国近代史中，东西文化之桥梁，殆即此南洋与北洋欤！

两校发祥之地，一南一北，前后创立，同具规模，形式上虽各有变更，而求学致用，为国服务之精神，则同始终如一；屡经浩劫，而同能保持光辉于不坠，基深泽厚，有共同可宝贵者在矣。

两校创立之初，皆以西人主其事；丁家立在北，福开森在南，故一切组织章制人才设备，俨若美国之大学，自始即彻底革新，别有天地，用能奠定新式教育之基础。而注重科学，灌输工程，更为我新建设之动力。我国五十年来，政治经济，无处不见此两校之影响，具见立校主旨之正确，此其可宝贵者一。

两校虽以工科著称，而于文法方面，始终未尝偏废。北洋之法科，固为我法学教育之嚆矢，而南洋之师范、商科，亦实我新文化之前驱。经此始基，文风特盛；其后两校虽侧重工程，而教泽宏敷，通才辈出，不为技术一隅所囿者，未始非此广教精炼之故，此其可宝者二。

出国留学之风，两校实开其端。北洋初期毕业者，几于悉数出国；南洋则年有派遣，为期更久。我国学校之为国外认识者，当以此两校为最早，而学生之成绩亦特著，因之此后毕业生之入美国大学者，率可径入研究院，为学术争光。其学成归国者，取精用宏，献身社会，亦从不忘本，幸无欧化皮毛之谓，足见两校精神，此其可宝者三。

南洋校训为精勤诚笃、果毅忠恕，北洋校训为实事求是，两校之注重人格陶冶，如出一辙。校友足迹所至，校风随之；国内建设事业中，两校校友担当大任者独多；领导教养，不遗余力，造成新建设之新风气，则其修养有自，精神充沛者，多由奉行校训而来，此其可宝者四。

两校校友，最能团结，对于母校，亲若家庭，风义相期，和衷共济，其力既厚，其志益宏。两校过去，迭遇风潮，而弦诵不绝，多赖校友之扶持。平时协助发展，咸认应尽之责。而遇非常事变，更能群力以赴，如救身家之急。远如军阀时期之摧残，近如抗战播迁之颠沛，皆能于存亡关头，发挥力量，挽狂澜于既倒。不颠不危，可大可久，两校之能有如此校友，此其可宝者五。

五十年来，两校校友在国内交通、工矿、政治、外交各方面，多负当时众望，今后复兴建国，有赖两校校友之努力者尤多。其学科相似，其训练一辙，其道同，其志合，国内任何两校之最能密切合作者，当无过此南北柱石之两洋。倘能齐一步趋，同心合力，共负改造中国之大任，则五十年来，举国一致之爱护，为不虚矣。本人于两校，关系同深，殷望同切，兹当北洋创校五十二周年，南洋五十一周年之庆，谨书为交大寿，为北洋勉。

交通大学对中国之影响

李中襄

　　李中襄（1896—1958），字立侯，江西南昌人。1920年毕业于交通部唐山工业专门学校土木科。在校期间担任首届学生联合会会长，参与创建学生进步社团"人社"，积极投身五四爱国学生运动。1942年交大在渝成立同学会，李中襄任副会长。1949年赴台。

原载〔台〕交通大学六十周年校庆纪念大会委员会编；《交通大学六十周年纪念征文集》，交通大学同学会1956年刊印，第7—9页。收入本书时略有删改。

交通大学自创办成立，迄今已届六十周年，其间学校名称屡经更改，而设校宗旨及其教学精神，则始终一贯。沪、唐、平三院分合靡定，而三院校友之融洽合作，则有如一体，此其难能可贵，已有足多者。数十年来我交大三院之先后同学，本其所学，出为世用。或献身社会，或服务国家，大致均能忠于职守，勇于负责，待人处世，虽和而不同，而实心任事，则坚定而不移。用能绩效昭著，事功灿然。举国推崇，校誉日隆；实至而名归，固非可以幸致者也。然交通大学之在中国，对于国家物质建设之事功，社会虚荣心理之改造，学术朴实风气之养成，其贡献之巨，关系之深，影响之大，则有非尽人所能备悉者。岁月如流，倏忽已一甲子矣！更数十年后则其人其事，或且湮没而不彰。值此六十周年之校庆盛典，乃不揣谫陋，为申论之。

对国家物质建设之事功

交大创立于19世纪之末叶，在20世纪前半期，中国国家有了绝大的动荡，起了空前的变化。此六十年之岁月，在中国确是一个不平凡的时代。国家民族从守旧变为迎新，从落后变为进步，从古老变为近代化，并且从几千年帝皇世袭的专制政体变为民主国家。所以国家民族在蜕变，无论政治经济文化，一切在变。人民的生活、社会的组织、经济的基础、政治的制度，无一不变，而且是大变突变。因为有变，才有进步，因为是突变而大变，所以有大进步。

在全部变的过程中，交通建设确实担任了许多变化中的枢纽，或者掌握了许多变化过程中的关键。试思由徒步肩舆手车帆船骡马驿站的运输，变为轮船汽车铁路飞机的交通，这种剧烈的变化，自然促进人民生活社会经济之改善与进步。随之而有文化教育之改革，更随之而有人民思想之革新，国家政治乃亦得因势利导而奏革故鼎新之效。所以交通建设不但是一个时代一切改革的枢纽，而且交通建设确是一切建设的前驱。中国五十年来之交通建设，虽不能说百分之百是交通大学同学的成就，然而中国百分之七八十以上的交通从业人员之为交大校友，迨非过甚其词。我国任何交通建设工程，或全部或局部，盖莫不有我交大先后校友之瘁心劳力所凝结的成果存在于其间也。

交大万千校友中，有学土木的，有学电机的，有学机械的，有学矿冶的，更有学管理学的，配合起来，恰好担负起大部分国家物质建设的责任。学土木的大多数首先奔向于筑路工程。无论是铁路或者公路，凡参与其事者，都抱着"力恶其不出于身也"的精神。十之八九要经过披星戴月、餐风宿雨的生活，锻炼成忍饥耐寒的习惯，显出了翻山越岭涉水过涧的本领，然后计算规划，定线平基，逢山开路，遇水搭桥，筑成一条条的铁路和公路，为国家构成了有如人体的循环系统。学电机的初期建立起有线电报，在三十年前则展开了无线电，二十年前更展开了播音事业，为国家健全了有如人体的神经系统。从事矿冶的校友，则抱着"货恶其弃于地也"的精神，开发了不少的地下宝藏。从事电机工程或机械工程的，更为国家创办了若干制造工业，或为大小都市带来了光明，或者供给了电能动力，以促进其他工业之发展。从事水利的校友，或以防洪工程制止了灾害，或以开渠工程便利了灌溉，或筑坝蓄水以开发水能动力，或浚浦筑港以保持海港之吞吐量。而学管理的校友，则更为任何土木、机电、矿冶工程建设中之不可或缺的人才，亦即成为学任何工程的同学之良好伴侣。

交大之万千校友，对国家社会之物质建设，均能尽其对时代之责任，有其不可磨灭的事迹；抑且不仅具有"货恶其弃于地也"及"力恶其不出于身也"的认识，尤属难能者为莫不有"不必存于己"及"不必为己"的精神。

对社会虚荣心理之改进

清末，科举初废，士大夫对于翰林进士举人秀才之名称，固深加眷恋未能忘怀，社会亦仅对有科甲功名之缙绅士子始予以尊重。当时之朝廷，亦仍沿用科举方法，开科取士，以奖励优秀。故先后有经济特科及留学生返国后之会试。经济特科之特出人才如梁士诒，留学生会试之登庸人物如金邦平，固皆一时之俊彦，而一登龙门则声价十倍，立即成为当时新人中之代表人物。自唐宋而后，由于国家之倡导、社会之鼓励，使优秀人才，莫不趋向于学而优则仕之一途。所谓求学读书，无非是为博得一官半职。有了功名，才能上对祖宗下骄妻子。因之学校虽兴而士风未变，家庭之心理，社会之习惯，尤为根深蒂固，牢不可破。总之非做官则父将以子为不肖，妻将以夫为不才。求学与做官，几成为必然之因果，与不变之定律。然我交大校友，无论研习何种工程学或者管理学者，均能本其学以致用之旨，为民族国家从事建设，为社会人民创造福利。做事而不做官，服务而不求名，躬行实践，移风易俗。校友之择业从事，大致注意于业务环境，任何名义，若干报酬，非其所重视也。

交大成立迄今六十年，而其隶属于交通部者逾四十年。清末及北洋政府时期，交通建设仅有铁路。交大同学之在铁路工作者，初则为练习生，一年后改称为工务员，更若干年则晋为学习工程师或帮工程师，然后晋升为副工程师，再积年资始得升级为工程师。在设置此类名义之初期，实非含有官阶之意义，只为工程技术人员之学术、资历、技能、经验，各有其高下深浅之区别已耳。然后本此而定其报酬之多寡，亦犹工人工资之有高低，初无官俸官禄之义也。交大校友习焉不察，行焉不著，蔚为风尚。所推崇者为学术，为技能，为经验，为事功。不仅铁路为然，其他工程机构，莫不皆然。积时愈久，人数愈多，乃能逐渐形成一特殊环境，一学术天地，绝非如一般社会中推崇高官巨室，抑且不期然而然形成鄙视官宦之心理。所以交大万千校友中，入仕途者极少。

迨国民政府定都南京，一切制度渐臻完备，始将习用之工程人员名称，纳入于国家正式之铨叙制度。但举世工程人员之重学术技能，而轻官阶名义之习惯，则已根基深厚自成风气。迄今交大校友对于官阶仍未特加重视也。回溯数十年来中国之巨大工程建设，由创始而完成，出于交大校友者，不知凡几，但在六十年之校史中，所谓曾任特任官阶者，交大三院仅有二人而已，曾任简任官阶者，亦复寥寥可数。然而成为举世推崇之学者或名工程师或企业家者，则固不一而足也。

交大校友之能"做大事而不做大官"，躬行实践，以转移风气，从未稍加渲染，略事宣扬。然其由此而改造社会之虚荣心理，尤其引导青年趋向于实学实事，此其对改造时代风气之贡献，或更有甚于为国家完成若干工程建设之功勋更为重大也。在今日而言不重视做官，似觉平凡无奇，若在三四十年以前，能使具有真才实学之士，薄仕途而重建设，轻虚名而尚服务，几为不可想象之事。我交大之前辈校友，确能对大时代负起大责任，以改造此千数百年来社会重虚荣之龕风陋俗，讵可不特予表扬，任其湮没而不彰于世耶？

对学术朴实风气之养成

交大之校风，简言之为"朴"与"实"；尚朴学而崇实干是也。所以能崇实干者，由于尚朴学；而所以能尚朴学者，由于"教""学"之认真。交大三院朴实风气之能培养锻炼，成为一贯之校风者，其最大之功绩，应归于我校三院之教授。交大成立届六十年，其间服务最久之老教授，有在校执教鞭近五十年者；次焉者或四十年或三十年。朝则开讲授课，晚则批改作业；孜孜矻矻，不厌不倦，锲而不舍，精诚无息。严厉时有如秋霜，温和时有如春风；讲解固不惮详尽，考核则不稍通融。穷年累月，有如机械，积渐既久，乃成风气。

交大无社会熟知之名教授，盖所有教授，皆务实而不务名也。教授在校其仅有之对象为学生，对学生之课程作业，了如指掌，乃至学生之性情、才能、气度亦大致明晰，然对于学校行政事务、与教课无关者则不欲过问，甚至与校长亦经常不相晤对，自更绝不措意于校外。所以社会有何纷更、政治有何动荡，教授不问也。遑论厕身其间，求其有所以自见而显于世者，则更未之前闻也。因之交大教授可谓抱璞守真，不求闻达，以教学为乐事，以育才为天职，外此非所知也。谚云：人到无求品自高，故交大教授大都品端学粹；无欲则刚，故交大教授大都有刚正之气。因之，其从学者，受其熏陶，濡染成习：相互切磋，共同砥砺，于是勤谨坚毅成为学生之定型，淳朴笃实成为学校之校风。

回忆四十年前之交大学校生活，可谓"教"与"训"合一。教授而外，无所谓训导，犹忆在校时，仅有舍监一人。后此乃有训导制度，制定若干训导规章，订立若干训导条文。交大教授以学教学，但在教学之中显示出认真与不苟且之特性。因之交大校友入世就业后，咸能本其所学与其素养，治事认真，律己不苟且。此非武断之妄诞虚语，盖近数十年来，国家几许工程建设，几许工程款项，或大或小，或上层或基层，经过交大校友之手者，尚未闻有何工程贻误偾事，以及有任何贪污渎职之行为，发生于我交大校友之行列者，讵不足以资佐证欤？

认真教学，泛言之似为平常，然持之以恒，数十年如一日，则又绝非寻常事也。以作者所曾肄业之唐院而言，学生对主课有一门不及格者不得升级，继续两年留级者除其学籍，绝无通融之余地。而其平素考试之谨严，亦绝非如后此学风浇薄时一般学校作风所能比拟。学生身受此种严格教育，出而任事，对于其所管辖领导之从属行为，要求自亦至为认真，限期考工，不稍瞻徇，用是而能计划完工，而能于军事时期抢工赶工，不致稍有贻误。盖其风尚既成，配合自易，由来者渐，蓄积者厚。交大校友，自有交大之风也，更得而申论者。由于在校时所受教育之不苟且，因而治事处事，养成对事不对人之观念。交大校友所服务之机关，每个层级，几于经常有校友之关系。然交大校友可谓群而不党，交际时则相处有如弟兄，办事考绩则依据标准有如机械。无论奖功惩过，决不致以校友或非校友而有所轩轾。上层人员亦鲜有抱党同伐异之心理者。此其素养实由整个校风为之培成，后此乃本之以为治事之规格，盖不期然而然，一切已纯出乎自然矣。

以有六十年光荣历史之学校，由教授为中心，养成朴实之学术风气，一以贯之，历久而不渝，此其影响，自非浅鲜。由于教授在校不求校外之名，乃以养成校友在职不求本位以外之名，不务本位以外之事；教授专心教学，养成校友专心治事；教授之认真不苟且，养成校友之认真不苟且。交大三院之师生，笃实践履莫不如此。使我国学术界之一隅尤其工程界能长保其朴学实干之风，则其对国家之贡献为何如耶？然而学校固未尝以此自诩，校友亦未尝本此以为宣传，但为时六十年矣！此亦足以示范，足以风世者，书之以为世人告。

上庠菁英

SJTU MEMORIES

聚焦交大人物，展现交大人精神风貌

梦中再谒庆诒师

  屠岸（1923—2017），原名蒋璧厚，江苏常州人，当代诗人、翻译家、文学评论家。1942年考入交通大学铁道管理系。大学期间参加进步学生运动，参与创办"南洋诗文社"与"野火诗歌会"。历任上海市军事管制委员会文艺处干部、华东地区文化部副科长、中国戏剧家协会研究室副主任、人民文学出版社总编辑等职。

原载《上海交大报》2006年3月27日，第4版　收入本书时文字略有没动

清晨醒来，记得梦中见到庆诒老师，他身穿白布衫，戴墨镜，端坐书斋，听我为他朗读一篇英文报纸的评论。窗外蝉鸣阵阵，室内是平缓的朗读声，却依然是一片宁静。……我怎么又在梦中重温20世纪40年代的一个生活片段呢？可能因为今年是我母校交通大学一百十周年，我常常回忆大学生活的缘故吧，而为庆诒师"伴读"的经历给我的印象太深了。

唐庆诒先生是我读交通大学时的英语教师，美国哥伦比亚大学硕士，学贯中西的教授，江苏无锡人。他父亲是交大老校长唐文治先生。一天，他被人扶到教室门口，他身穿灰色长袍，戴墨镜，跨进教室，站到讲台前。此时，全体同学肃然起立。庆诒师开言："同学们，从现在起，我来教你们英语，我不能板书，只能口授……"言未毕，同学们爆出热烈的掌声。从此，庆诒师每周给我们上两节课，全用英语讲授。他一般不发讲义，而是给我们指定教材，让我们自己去觅得。比如英国作家狄更斯的小说《大卫·科波菲尔》英文版，就是他指定的读本。这类书在当时上海书铺里不难找到。他讲课不是死板的灌输，常常是启发性的引导。比如，他说，你们读这本书，当然是要学好英文，但还要理解作品，从这个孤儿的遭遇去了解英国社会，比如英国的司法腐败。他讲课生动活泼，引人入胜。比如他说，这本书里，大卫的继父叫谋得斯东（Murdstone），是个残酷的人，在他的压迫下，大卫的母亲早亡。"谋得"跟"谋杀"（murder）谐音，而"斯东"（stone）是石头，暗指此人是个铁石心肠的谋杀者。又说，大卫的第一个妻子叫朵拉（Dora），漂亮可爱，但什么事也不懂。朵拉跟洋娃娃（doll）谐音，暗指她和洋娃娃差不多，中看不中用。大卫的第二个妻子叫安妮（Agnes），非常美丽，有一颗高尚的心。安妮跟安琪儿（angel）读音相近，暗指她简直是一位天使。曹雪芹用字常常以谐音寓深意，狄更斯似乎也是此中高手！这样讲解使同学们听得非常开心。

有一次，庆诒师一到课堂，二话没说，就向全班同学高声背诵了一首英文诗：英国浪漫派湖畔诗人柯勒律治的名作*Kubla Khan*（《忽必烈汗》），然后讲解这首诗产生的背景。原来诗人刚把方才梦中见到的东方幻景用不假思索的诗句记录下来，不意被来客打断。待客人走后，一切都忘了，因而这首诗成了一首未完成的杰作。庆诒师背诵时，声调时而沉郁，时而高昂，抑扬顿挫，极富乐感。他要求学生把这首诗背诵下来。我照他的嘱咐做了，直到今天我依然能背诵。庆诒师对学生要求很严格，他说，你们学英文要做到能听能说能读能写能译，要做到脑子里不用中文而用英文思考问题。

一天，庆诒师嘱我到他家去一趟。我如约来到霞飞路（今淮海中路）上方花园他的家。他对我说："我因目盲，不能阅读。所以请你来，为我朗读中文和英文的书、报、刊，每周一两次，可以吗？"我知道庆诒师是看中了我的国语和英语发音准确流利，功课也好，所以要我来帮他解决阅读问题。我喜出望外，因为这是一个接近庆诒师又能为他服务的难得的好机会。我说，为先生读书报，是我最愿意做的！

这天，他谈了他双目失明的经过。20世纪30年代初，他在无锡、上海执教，因劳累过度，目力日衰，虽多方求医，最后赴奥地利经名医做手术治疗，终也回天乏术，双目失明，时为1934年，他37岁。此事对他精神上打击极大，但他以巨大的毅力克服困难，顽强地继续奋斗在教育岗位上。他还向我讲了贝多芬和弥尔顿的例子。他说：

"贝多芬失聪而成为大音乐家,弥尔顿失明而成为大诗人。我也不能向命运低头啊!"这增加了我对他的尊敬。此后四五年间,我每周登门一两次,风雨无阻,为他朗读他需要了解或进一步熟悉的文学经典以及新闻报道之类。朗读时,遇到我不认识的字、不懂得的文句,庆诒师随时指点、解惑,或指导我查阅参考书,因此这种"伴读"本身就是优于教室听课的一种学习方式。后来我又为他查找资料,整理他的文稿,中文则手抄,英文则打字。这也是极好的学习,使我得益匪浅。

我们熟悉了之后,我便向他建议:"我给先生推荐一些读物好吗?"他回答说:"好啊!"我感到庆诒师国学根基极其深厚,但因目盲而来不及多读新文学作品,于是我为他朗读鲁迅杂文,他听得很感兴趣。一次我读一篇鲁迅杂文,说孔子周游列国,道路崎岖,车子颠簸得厉害,所以孔子晚年得的病是胃下垂。庆诒师听了哈哈大笑!

一天,庆诒师说:"你为我读书报,我给你一点回报吧!"于是他教我古文和古诗。他家藏书极丰,他让我把线装书《瀛奎律髓》《杜诗镜铨》等找出来,从中选出若干篇教我。一次,他教我读杜甫的"三吏""三别"。我自幼得母亲教古诗,对杜甫诗非常尊崇,但没有读过"三吏""三别"。庆诒师教我说,这六首诗表明杜甫的忠君和爱国是一致的,也体现了儒家的仁者爱人和民重君轻的思想。经他指点,我对杜诗又有了深一层的理解。庆诒师对中国古诗,熟谙于心,能背诵数百首,且深察其旨。他曾编有一部《古今诗选》,收入自汉代以来诗人40家,诗500余首,是一个加惠于学子的优秀选本。他又深谙古诗的吟诵,曾应电台之邀讲解古诗吟诵之法。这方面我也从他那里获得过教益。

我在师宅诵读书报，师母俞庆棠时常给我送来绿豆汤润嗓，她对我也十分关怀爱护。我知道师母早年与庆诒师都留学美国，后来师母成为国内著名的社会教育家。庆诒师有一次来了兴致，对我这个他喜爱的学生没有顾忌地说："我叫唐庆诒，她叫俞庆棠，Tang Ching Yi-Yi Ching Tang，听起来好像一个人旋转乾坤！"我因尊卑有序，不敢放声笑，只能微笑，微笑他看不见，但他必能感觉到。在交谈中，庆诒师知道我母亲也能写诗并且教我读诗作诗，便把他自己写的诗若干首背给我听，我当即记了下来。

1949年，庆棠师母被任命为中央人民政府教育部社会教育司司长。因积劳成疾，于同年12月在北京突患脑溢血逝世。周恩来总理亲临吊唁，马叙伦部长主持公祭。我闻讯赶到师宅吊唁，庆诒师紧握我手，默然无语。他戴着墨镜，我看不见他眼中的泪，但从他的手，我感到他的心在滴血。

我于1953年从上海奉调北京，离沪前我到师宅向庆诒师话别。到京后回沪次数很少，但每次回沪，必登师门拜谒。最后一次拜谒是在1978年冬。1986年6月，庆诒师以88岁高龄病逝沪上。我因病未能回沪参加追悼会，深以为憾。我从我的学生沈筠蓉（庆诒师的长子孝宣之妻）处获悉追悼会情况和庆诒师的死后哀荣。我读到了追悼会主持者的悼词和庆诒师的长女孝纯代表家属所致的答词，对庆诒师增加了了解。

他是一位爱国的、进步的、为文化教育事业奉献了一生的杰出学者、教授、教育家。他早年留学美国时，即以一个中国学生的身份，获得了威斯康星州各大学校际英语演说比赛的第一名，获得了美国十二个州的大学英语演说比赛的第二名，为中国人民赢得了荣誉。

1917年他参加美国州际大学英语演说比赛的英文演说词，是他自己撰写的。我受庆诒师之子孝宣的邀约，把它译成中文，以便收入庆诒文集。这篇演说词的题目叫《文明的周期性运转》。文章在对中国政治、经济、文化做了分析之后，指出："中国需要两样东西，即泰西科学和国民精神。泰西科学是为了促进经济繁荣，国民精神是为了推进政治上的统一。新的教育必须传播科学文化，推行职业训练。它必须使我国人民有能力在世界市场上进行竞争。文学艺术必须引出平民精神……"我译完了这篇演说词，不觉感叹不已。这是一个年仅19岁的中国青年在美国的演说，那时是中华民国六年，而其中的观点，有许多卓识，有的似乎已经成了一种预言。我感到，庆诒师是交大的骄傲，也是中国教育界的骄傲。我还深信，庆诒师如果不失明，他必定会对我们的国家做出更加巨大的贡献！

浦汇·矾市·燕城
——忆钱学森兄二三事

罗沛霖

罗沛霖（1913—2011），天津人，电子与信息学专家，中国科学院、中国工程院院士。1935年毕业于交通大学电机工程系，1948年由中共地下党资助留美，进入美国加州理工学院攻读博士学位。1950年回国，历任华北无线电器材厂总工程师兼第一副厂长、北京工业学院研究生院院长、第四机械工业部科技司副司长等职。在交大求学期间与钱学森关系密切。

原载《神州学人》1990年第5期，第15—16页，收入本书时略作改动。

浣溪沙·燕城赠故人

浦汇逢君恶雨天，矶城评曲饮难酣。隔洋惘怅数温寒。

风骨肝肠犹昨夕，春风朝日更今年。白穷扫了却开颜。

诗、词、曲，我只是一个欣赏者，连"读"家也说不上。童年习作也早已忘光。1958年起却又学写一些诗词，但经年才偶然得句，还颇拙劣。这首1960年作的《浣溪沙》，是我最早的作品之一，抄录在此，权当引子。

我和钱学森同志是到上海徐家汇念上海交大以后才相识的。叙起来，我们还是北京师大附小的同学，都是于士俭老师的门生，不过钱学森稍早，那时我们并不认识。"一·二八"以后，钱学森在交大念三年级，我念二年级，我经常到我的南开中学同学、此时与钱学森同住的郑世芬君的宿舍去闲谈，钱学森也去，于是我就认识了这位宁静的、常常在沉思中的年轻朋友。我很钦佩他认真学习的态度，他考试总拿第一名。他还说过我：你是能考得很好的，但你却不屑去追求。我回答他说，我至多是个偏才，所以也就不必去追求了。他那时即已显露出了一个天才科学家的才华。图书馆里关于航空工程的书刊，他都读遍了，还自修了更高深的高等数学。我则不大听讲课，对考试应付而已，然而也基本读遍了图书馆里关于电讯的书刊，自修了一些现代物理。说"读遍"，现在的中青年人会不相信，但20世纪30年代的世界科海，确也只有那么一点儿大。那时，不单是日本军国主义的狞獗侵略陷中华民族于危难之中，而且上海暴动和"四一二"大屠杀的遗迹未泯，进步同学遭受迫害，反"赤"恐怖横行。我们同是不满国民党的统治，但他比我认识更清楚。他曾辍学一年在北平养病，读了不少进步书籍，是在东安市场上买的。他向我说过，这个政治问题，不经过革命是不能解决的，我们虽然读书，但光靠读书救不了国。这话对我是很大的启发，在很大程度上影响了我以后的生活。

那时，我们已经都是音乐爱好者了。他参加了交大的铜乐队，每天下午在房里抱一个 Euphonium（一种似萨克号的低音乐器）吹大半个小时，毕业时拿了奖金就去买了一套 Glazunov 的 Concert Waltz 唱片。我是跑上海北京路旧货店买旧的唱片，Garuso、Tetrazzini、Schumann-Heink、Amoto、Chaliapin、Kreisler、Paderewski、Stokowski 的……学森也来我房间同听。

1934 年，他毕业了，这以后我们就分手了，但还是断断续续地交换信件。记得他从麻省理工学院来信，说到要去加州理工学院做 Von Karman 的学生。他还在信中说，我们找机会都去莫斯科——当年进步青年心目中的圣城。

一晃十年过去了，1947 年他回国探亲，我们又在北平见面了。叶企孙先生约钱学森和钱伟长同游颐和园，我当时从天津到北平来办事，就一起去了。我是找学森帮忙到美国留学去的，当时我考虑全国解放在即，要掌握一些新的知识，准备为建设新中国尽力。以后，他和蒋葆增同志对我的推荐书都做了异乎寻常的称许。我当时虽未出国，但已在美国的权威杂志上发表了论文，这在当时的理工科领域是罕见的。加州理工学院考虑了这些因素，允许我入学，并准我越过硕士层次，直修博士。在 1947 年那次会面时，正好看到报载胡适建议学森来做北大校长。我曾问他：为什么不接受，接受了不是可能做一些有益的工作嘛？他和我说："不必为'他们'装点门面。"

1948年我赴美做了一个30多岁的老学生。那时，学森还在麻省理工学院。1949年9月他来到帕萨迪那，担任加州理工学院的戈达德讲座教授，兼任古根海姆喷气推进研究中心主任。我问他为什么又回到加州理工学院来了，他说："我喜欢这里的学风。"的确，加州理工学院是个很有特色的学校，今天仍然如此，学生不到两千人，研究生竟占了半数多，列入教师名录的上千人，光在本校教学、研究的诺贝尔奖获得者就有20多位。学森还说他已经辞去了NACA（美国国家航空顾问委员会）的委员职务，脱离与美国政府的联系，好早回国。

在这个学年（1949—1950年）中，我们往来就很密切了，几乎我每个周末都是在Altadena他家里过的。蒋英（他的夫人，声乐家）总是热情款待，用一套石英玻璃杯请我喝点Congac，还给我讲德国莱茵河畔的居民怎样过饮酒节。前年我到他们家，她还是用那套石英玻璃杯喝饮料，这勾起了我对往事亲切的回忆。当年我在搜集西方的严肃音乐（通称classic）的唱片时，从他们那里学到了很多音乐知识。巴洛克的、古典主义的、浪漫主义的、印象主义的，学森都欣赏。他喜欢Bartok和Beethoven最后的五个弦乐四重奏，特别是Bartok音乐中潜伏着的那种执着的刚强。这也许是他作为当时中华民族的海外孤臣，与Bartok的情感相通吧！那时，洛杉矶的音乐气氛还较稀薄，有一个"室内乐季"，每周一次，我们都买了季票。我记得听过Budapest Art，什么节目不记得了；还听过Lotte Lehmann的独唱音乐会，似乎是唱Winterreise（冬之旅），我很喜欢她那抑扬顿挫和发音吐字的严谨，与中国的昆曲高手有异曲同工之妙。然而学森没有去，他说Lotte Lehmann本钱不足，是靠取巧。他的爱好是相当苛求的。他们在1955年回来时特别买了整套Landowska用Pleyel演奏Bach

的第一卷平均律钢琴曲集的密纹唱片送给我，可惜在"文化大革命"中化作烟尘了。还好，后来我借来他们的一套唱片录成了磁带。蒋英是很深沉谦虚的，从不表现自己，我也尊重她的作风，不去勉强请求。在那一年里，我竟没有听过她唱一句歌。

那时，在加州理工学院已有"留美科协"（中国留美科学工作者协会）的组织，由我负责，学森当时准备回国，所以参加活动不列名，以免引起不必要的麻烦。"留美科协"组织订阅了纽约的《华侨日报》和香港的《大公报》。我们看到些国内的消息也去告诉他。开国大典之后，由加州理工学院中国同学会组织中秋晚宴，就在加州理工学院北面的竞技公园（Tournament Park，后来划归加州理工学院，现已建起很多实验室和礼堂等），摆了很长的长方桌，从傍晚会餐到月亮升高，觥筹交错，尽欢而散，也算是庆祝开国大典。当时在校同学和学森、蒋英一起将近20人基本都参加了。

然而麻烦要来也没有什么办法。1950年夏，他们的女儿钱永真刚出世。我有一次去看他们，学森告诉我，美国政府在调查他们，被调查的有奥本海默兄弟、瓦伊恩鲍姆和他自己。小奥本海默已受到迫害，瓦伊恩鲍姆也大难临头，眼下正开始调查他，看来能早回国才最好，但要美国政府肯放。学森对我说，以他在学术界的地位，要回国就要光明正大地回，不能悄悄地离开。后来学森就去华盛顿了，说是去疏通一下。待他回来后，说可以了，美国政府负责人员同意放他回国（事实证明是假话）。这时，美国已发动侵朝战争，我也急于回国，学森、蒋英约我一起去洛杉矶的总统轮船公司办事处买赴香港的船票。公司办事处答复说我是学生，可以买票；学森不是学生，不能卖给他。于是我决定乘船到香港，他们决定买加拿大太平洋运输公司的飞机票，我就先离开了美国。

八九月间，船开到马尼拉，船上有位同学上岸探望亲戚，回船上告诉我说，见报载钱先生被拘捕了。原在加州理工学院的赵忠尧、沈善炯、罗时钧三位，乘坐总统轮船公司"威尔逊总统号"回国途经日本时，也遭美军扣押。我是9月到北京的。那时中国学人及部分美国学人掀起一个抗议美国政府迫害中国学者和呼吁社会支援的高潮。赵先生等蹲了54天监狱后被释放出来。学森被押了半个月，由一些美国朋友保释，但是却被羁留在美，一直到1955年才得以回国。

我们5年没有见面，不通消息，我时常在想着他们，而且焦急地等待，不知他们生活如何。当再次重逢时，我们心中都有无限感慨。

1956年，全国百业待举，前途无限光明。这就是文章开始那首小词所表达的内容，不过迟至1960年才写了出来。

上海交大双姝传奇

冯艾弥

冯艾弥，女，1949年生，上海人，作家、日文科技笔译，本文主人公乌凤仙之女。

原载《上海滩》2022年第5期第58—63页、第6期第25—31页。收入本书时文字有删改。

民国时期，上海交通大学1937届毕业生共150人，女生仅7人。其中科学学院化学系两位女生乌凤仙和金葆惠，四年同窗就读，三年同住一室，彼此意气相投，虽然毕业后因战乱而分开，为理想为救国天各一方，但从来没有中断联络。从青丝红颜到白发苍苍，她们始终是一对好同学，也是终其一生的闺蜜。

相逢交大

1915年，乌凤仙出生于宁波定海乌隘村一个书香门第。在她不足4岁时，父亲染上肺结核撒手人寰。乌凤仙的母亲靠着几亩地和一

金葆惠（左）与乌凤仙在交大校园

个酱园小作坊，独立支撑门户。好在乌凤仙用功读书，先是考进浙江省立第四中学读高中，后转学去宁波效实高中。乌凤仙高中毕业后，顶住社会及家族各种压力，报考了国内两所国立大学：北平清华大学和上海交通大学。考试一连进行了七天，最后清华与交大两所学校都录取了乌凤仙。乌凤仙选择了交大科学学院化学系，成为定海乌隘村有史以来第一个大学生。

1916年，金葆惠出生于江苏宝山县（今上海市宝山区），家中排行第二。金葆惠的父亲早年留学德国，回国后供职于国民政府铁道部，可惜在履职任上时不幸英年早逝，当时金葆惠还在读中学。金葆惠自小生活优裕，却没有沾染富家子女的娇骄二气。她为人朴实，学习踏实，早年就读上海清心女中，高中毕业即被保送进交大，进入化学系就读。

就这样，1933年秋，乌凤仙与金葆惠在交大相遇了。

大一刚开始，乌凤仙住在学校，金葆惠则每天上完课回家。到了大二，金葆惠正式住校，与乌凤仙同住一室。乌凤仙与金葆惠是同一专业，一起听课，一同做化学实验，她们都以居里夫人为榜样，平日里刻苦学习，既不追逐上海滩的纸醉金迷，也不喜欢那些风花雪月和红男绿女。乌凤仙悟性高，读书用功，每次考试都能得高分；金葆惠虽成绩稍逊一筹，但一直执着努力，后来居上。久而久之，两人成为无话不谈的好闺蜜。

学校化学课常有化学实验。乌凤仙和金葆惠做化学实验非常认真投入，常常到晚饭时分，才带着满身硫化氢的臭气回到女生宿舍饭厅吃饭。当时出现一门新兴的学科——生物化学，但上海理科高校没有能教生化的教师，交大就聘请医学院教授带着一位助教以及两位技工给学生上课，还特地买了一台高倍显微镜让学生操作，并找机会让学生们参观工厂以增长知识。化学系主任还特意开了一门微生物学，为生物化学学科奠定教学基础。

每学期结束，做化学实验时损坏的玻璃仪器等都要当事人赔偿。有一个学期，金葆惠收到的赔款单比别人多得多。后来同学聚会时，金葆惠还经常被同学们取笑。金葆惠也笑着自嘲："有一个学期，我为了收集化学数据，做了不少实验，学期末竟然收到了二十多张仪器赔偿单，称得上是全校的'赔偿女王'。"虽然仪器有所损坏，但是金葆惠的成绩却逐年进步。

重逢与离别

论文答辩完成后，学生们也迎来了毕业。当时火车由交通部管理，交大毕业生每年毕业时都可以享受一次特权——乘坐火车去各地名胜及工业基地观光。1937年5月，交大本届全系学生一百多人，一起从上海出发，去了杭州、南昌、汉口、石家庄、北平，再沿着京沪线回沪。这次毕业旅行，让同学们终生难忘。是年7月，学校举行了隆重的毕业典礼。乌凤仙因学业优异，获得学校颁发的劳司劳伦斯奖、上海最优秀学生奖、念珠奖。

毕业典礼过后，学生们都为自己今后的去向而操心。金葆惠则打算与胞姐一同赴德深造。乌凤仙也很想出国留学，但家中因供她读书，已典卖掉乡下薄田和酱园，正等她毕业后找一份工作赡养家庭。化学系主任徐名材老师很关心乌凤仙，为她指点方向："下半年资源委员会将与我校合办人造石油研究所，你是否愿意来工作？"这让乌凤仙喜出望外，欣然同意。等到学校放暑假，她连行李都不带就回宁波老家去陪伴母亲及弟妹，一心以为过完暑假就能来母校工作。

1937年7月，乌凤仙的未婚夫冯固回到了上海。两人于1933年订婚，原本约定乌凤仙毕业后两人即举行婚礼。不料8月13日，淞沪会战爆发，冯固立即加入红十字会组织的战地救护医院，担任战地救护医生。淞沪会战激烈异常，两人根本无暇联系，遑论婚事。11月，日军后援在金山登陆，中国军队撤退，冯固也随中国伤兵救护医院紧急撤退至后方。

此时，交大徐汇校舍因处于华界而被日军占领，一部分迁去后方，另一部分移至法租界，暂借震旦大学及其他职业学校校舍，原先交大设立人造石油研究所的设想自然成为泡影。不久，宁波也遭到日军飞机轰炸，乌凤仙扶老携幼逃难上海，先到南市，后来逃进法租界，借住在霞飞路娘舅家中。为生活所迫，她找到一份中学代课教师工作，在法租界租了一间弄堂房子住下。

徐名材很关心自己的学生，便介绍乌凤仙去大夏大学附中担任代课老师。该校学生调皮，课堂纪律差，经常欺侮新来的女教师。乌凤仙初来乍到，经验不足，在她讲课时，有的学生就在后面窗口跳进跳出，教学效果自然不甚理想。不久，这份工作也就此中止。

此时，金葆惠已经按原定计划到达德国慕尼黑，经过短时间德语进修后，于1938年顺利考进慕尼黑斯德大学，成为斯德大学油脂化学教授霍夫曼的研究生。当时交大的学术水平与世界一流大学并无多少差距，凡在交大毕业的理工科学生，若再去欧美国家的理工大学留学深造，起点等同于硕士。众所周知，德国大学一向非常严苛，取得大学的学位已十分困难，更何况是博士学位。但金葆惠专心攻读三年，于1940年秋天获得德国化学博士学位。

与此同时，乌凤仙为养家糊口四处奔波。1938年春，宁波效实中学因惧宁波沦陷，决定赴沪设立分校，在校大部分学生也随校迁往上海。乌凤仙与昔日宁波高中的同学冯盈、凌松年、郑浩泉等在沪相聚时得知此信息，商议后向学校毛遂自荐，随后获得一份任教工作。代课老师的薪水微薄，凤仙在暑假里还去兼职家庭教师贴补家用，供妹妹上大学。

1939年秋季，冯固再次回到上海。之前他随中国军队救护医院去后方，不幸患病，病愈后正逢国立西北联合大学在战乱中仓促成立，他接到聘书后即赴汉中任教。但西北联大建立仅一年便于1939年8月解体，冯固只能回到上海。不久后，乌凤仙进入上海光明药厂担任化学师，参与黄鸣龙先生指导下国内第一个人工合成激素的制造项目。过了一年，乌凤仙在交大的学长桂雍告诉她，交大化学系有一个助教位子空缺，可代为联系去任教，乌凤仙便辞去了药厂工作。

此时金葆惠已获得化学博士头衔，与她同去德国留学的胞姐与一位德国人恋爱，后来与其结婚并留在德国。金葆惠想着报效祖国与母校，便只身一人回沪，到上海交大任讲师。这一对同窗好友，分别三年后再次在交大重逢了。但令金葆惠没有想到的是，自己所长在当时国内并不受重视："我在德国学习的油脂化学专业，在战乱时期的国内根本无用武之地，听课的学生不多，而且我比较内向，教学效果不佳。"无奈之下，金葆惠离开了母校。

一年之后，金葆惠转到大丰药厂任化学师，而乌凤仙仍然留在交大任教："当时交大在法租界借了震旦大学实验室、地下室和中华学艺社等为校舍。化学系上课是由沈树辉教授把自己办的文化油墨厂空地腾出来用作教室。我是助教，协助讲师为学生讲授普通化学和有机化学实验。一年后我与冯固在沪结婚，我们请同学周乾昌和金葆惠分别作为男女傧相。"

1941年底，日军偷袭珍珠港，上海除法租界以外全部沦陷。此时乌凤仙已有身孕，行动不便，只得滞留上海。金葆惠仍是单身，她的母亲和家人都在上海法租界内，但她不愿留在上海，决定奔赴大后方："太平洋战争爆发后，上海沦陷，我所在工厂也被迫关闭，当时有不少国内企业迁移至后方，于是我想到重庆去工作。因是战争年代，大批民众逃往内地，路塞车堵，拥挤不堪。我单身一人，物资钱财准备不足，半年后才抵达重庆，进入中国火柴原料厂担任化学工程师。"一直到抗战胜利后，金葆惠才回到上海，在上海铁路局物料试验所工作并担任所长。

齐心制钨丝

上海解放后不久，国民党飞机频频来沪骚扰轰炸。金葆惠的母亲觉得上海不太平，想全家迁居香港，但金葆惠执意留守上海。此时，西方国家对新中国实行经济封锁，汽油匮乏，铁路上和机车用的润滑油也中断供给，严重影响交通正常运行。金葆惠当时在上海铁路局物料研究所工作，带领全所科技人员用国产原料研制成润滑油，又用蓖麻油制出汽油代用品，这些科研成果在新中国成立初期对维持铁路畅通起到一定作用。

此时乌凤仙已生育四个孩子，但她不甘心做家庭主妇，便去上海储能中学任教。1952年上海高校院系大调整，上海东南医学院奉命迁皖，丈夫冯固要去安徽支教，乌凤仙带着大女儿和冯固一同远赴安徽怀远县，在该校担任有机化学课讲师。后来乌凤仙回忆这段经历：

"我离开东南医学院时只受聘代课教师，并未正式辞职。东南医学院再三聘请我出任下学期的化学讲师，上海储能中学也聘请我去任教。左右为难之际，校友桂雍将此事告诉交大化学系主任徐老师。徐老师认为我已有四个孩子，长期在外不妥，便介绍我去上海灯泡厂。上海灯泡厂前身是20世纪头十年代美商设于上海的奇异安迪生电器公司，新中国成立后撤离上海，由华东工业部接管。因为部里有试制白炽灯泡钨丝的任务下达工厂，该厂急需化学工程师，于是我就进了上海灯泡厂。"不久，上海灯泡厂建立技术中心试验室，乌凤仙负责化学技术工艺的科研试制。

此时金葆惠经人介绍，遇到已有一子的郑冠雄，两人都曾留学德国，有共同语言，因此一见如故，相谈甚欢。1951年底，两人喜结连理。新婚夫妇俩奉行新式做派，青岛度蜜月回沪后，既没有大操大办，也没有拍摄婚纱照，只在家中以冷餐会的形式举行庆宴，极其低调。被邀请出席婚礼的宾客很少，除了双方至亲之外，葆惠仅邀请两位交大女生，一个是乌凤仙，另一位是她俩的室友高巧华。

新中国成立后很长一段时间，美国对中国实施禁运，因此生产钨丝的原材料必须自己解决。乌凤仙回忆道："制作钨丝的原材料是三氧化钨，但是由于西方国家对中国实行经济封锁，根本无法进口。进厂后不久，我从钨精矿中提炼出三氧化钨。为了测定三氧化钨的纯度是否达到制造钨丝的严格要求，即不低于99.9%，我所在的上海灯泡厂缺少精密分析仪器，于是我求助金葆惠所在的铁路局物料试验所协作。物料试验所有一台高档测试仪，从来没有做过有关钨的分析，一般情况下不会接受这一要求。但作为所长的金葆惠十分支持，她让物料试验所的分析人员与我共同研究分析方法，分析出我试制的样品达标，使得我们的试制工作得以顺利进行。"随后，乌凤仙与同事们先后提炼试制铜、银等细粉，还有钨、钽、铌、引燃极、消气剂等，为保证上海解放后自行制造白炽灯和新品试制创造了条件。1953年，上海灯泡厂试制成功的钨丝投产，可用于所有白炽灯，在上海滩大放光彩。

1954年，工业系统大调整在上海乃至全国展开，上海铁路局撤销了物料试验所，人员被并入上海工业试验所。原先是一所之长的金葆惠被降职为分析室工程师，但她依旧认真工作，解决了上海第一制药厂"消治龙"原料及中间品的分析方法，对提高该产品质量和产量起到重要作用，同时她还想方设法提高了上海制皂厂生产的香皂和洗衣皂质量。

1956年，金葆惠调任食品工业部上海食品研究所，主持分析室工作和山苍子油成分的分析研究等。后因工作需要，她被调到食品工业部在北京的研究所。虽然家人都在上海，但她服从组织安排欣然赴京，一人住在单人宿舍，过着简朴的生活。不久，组织将她调回上海，任轻工业部香料研究所分析室主任，随后主持《中国香料检验方法基础标准》的起草工作，获得1958年轻工部科技进步奖一等奖；紧接着又负责"亚硫酸纸浆液制造香兰素"课题中的分析工作。1964年，金葆惠当选上海市第五届人大代表。

与此同时，乌凤仙也全身心投入工作之中。她的业绩不菲，试制成功钨铜银合金接触片、钽铌合金丝带材、玻璃粉末绝缘子、汽车头灯等新产品，让上海灯泡厂在行业里声誉鹊起。1982年，乌凤仙被评为高级工程师。而此时金葆惠被诊断患有肾结石，身体状况日渐变差。1987年郑冠雄病逝，她悲痛之下体力更差，行路不到百米。乌凤仙担心金葆惠的身体，力劝她到离自己家近的小公园锻炼。经过半年的锻炼，金葆惠体力有所恢复，但是没过多久又住进了医院。乌凤仙此时身体尚好，便经常去华山医院探视金葆惠。

1993年，金葆惠得到国务院颁发的国家特殊津贴。不久，上海香料研究所提前通知她，让她准备作为上海妇女代表出席1995年9月在北京召开的联合国第四次世界妇女大会。然而金葆惠在1994年7月1日溘然离世，最终没能出席该会议。乌凤仙得知此噩耗，禁不住泪流满面。

也许与从事稀有金属的化学分析及实验有关，在中年时，乌凤仙的双手便已出现帕金森氏综合征症状，晚年更甚，吃饭非常困难。在金葆惠去世后的16年里，乌凤仙顽强生活，翻译英文科技资料，为邻居孩子补习功课，继续发挥余热，最后于2010年去世，享年95岁。她俩终于天上相聚，共话当年交大。

南洋留痕

SJTU MEMORIES

听交大人讲交大事、抒母校情

有意思的四个年头

黎东方

　　黎东方（1907—1998），原名黎智廉，河南正阳人，历史学家、作家。1922年入读交通部南洋大学附属中学，后考入清华大学师从梁启超攻读历史，1931年获法国巴黎大学文学博士学位。先后任教于北京大学、清华大学、中山大学、复旦大学，以及美国堪萨斯州立大学、威斯康星州立大学麦迪逊分校。抗战时期在渝售票讲史，开讲"三国"，场场爆满，被称作"专业大众说史第一人""现代通俗讲史第一人"等。

原载陈明章：《学府纪闻·国立交通大学》，〔台北〕南京出版有限公司1981年版，第87—105页。收入本书时略有删改。文中小标题为编者所加

今日之交通大学在当时叫作南洋大学，更以前叫作交通部上海工业专门学校，再以前叫作南洋公学。无论它的名称怎样改，它的地位始终是第一等。这是因为它的老师好，房子好，学生也好。

南洋之老师好

那个时候，大学部的老师好到什么程度，我实在不知道。据我的哥哥说，像胡明复、胡刚复那样的天才博士，在外国都是少有的。至于胡子美博士（克），他的好，却是我们所晓得的，因为胡先生既是大学部的教授，也是我们中学部的教员（我们南洋附中之所以比别的学校好，也未尝不是由于大学中学打成一片，有若干的大学教授做我们中学生的老师）。胡先生教我们英文（在旧制中学三年级那一年），所教的完全是英美名人演讲。他的中国话，带着浓厚的南京味；他的美国话，却有道地的美国鸭克生特（accent），我们学生听起来十分过瘾。而且他老人家爱讲笑话，弄得课堂里满屋生春，更是我们在受了李伟伯先生严格管束以后，所特别感觉轻松的。

李伟伯先生真是一位不折不扣的严师，每次上课照例有几个人罚站，至于被大声呵斥的，更是比比皆是。差不多李先生一进课堂，点了名不久，我们便听到"哈哦""哈哦"，不绝于耳。"哈哦"是上海话，等于北平话里的"胡说"（上海人瞎字念哈，话字念哦）。李先生每星期教我们十二小时的英文，刻板一般从上午八点开始，到十点为止。一本纳氏文法第四册，要我们每条rule都要背得，每条习题都要做过。每天照例要临时指定十个同学站到黑板下面去当场考验（我们南洋附中的课堂，三壁均是黑板，第四壁为窗户），李先生又教我们把《鲁滨生漂流记》与《天方夜谭》，从头背到尾，一页不遗，一字不漏。他老人家真是把我们当自己儿子待，他的那一种望子成龙的劲儿，在隔几十年的今天，叫我想起来，仍然心感不已。

别的先生也令我们佩服，而且也有令我们既爱且敬的，但是叫我们畏如严父的只有李伟伯先生一人。我们顶佩服的莫如附中主任李松涛先生了。李先生的胡子总是剃得那么光，说起英语来颇有点英国绅士派头，他的中国话是松江式的上海官话。他给我印象最深的一件事，便是把我所起草的英语演说会的章程，痛加删改，其中所有的 will 一律改成 shall，又亲自用英文打字机抄了一份，整整齐齐。当老师的对于我们学生自己的事这么热心，叫我怎么不肃然起敬呢！李先生在大学部也有功课（同时教我们读《威克菲牧师传》）；他是一个被全校所欢迎的 Popular man，凡是茶话会（同乐会），不管是松江同乡会也好，安徽同乡会也好，庚午级的级会也好，甲子级的级会也好，以及技击部大会，Glee Club 的大会，没有不请李松涛先生出席的。李先生到场，一定是掌声雷动；李先生出场也是掌声雷动。然而李先生的开场白，好比刻板文章，又像是版权所有，回回如此，决不更改，我们学生听了又听，越听越想听，好比听西皮二黄一样，回味无穷。他的开场白是哪几句话呢？

诸位同学：兄弟今朝来，非常之快活。为啥快活呢？因为子，诸位个精神塞是曼好。我妮开会，开格是啥格会呢？开格是……会，个格会交关重要。今朝个茶点啊曼都（也很多），所以大家塞很快活。……

如此一团和气的作风。

不知道是否因为区区的记忆力特别好，还是因为几位老师给我们的印象特别深，他们的言论丰采到今天仍是如在目前。那毕生尽瘁于教育的甘养臣先生，教我们几何学，他挥动四尺多长的大圆规，口中念念有词，天天给我们以耳提面命。他老人家的 Given triangle ABC and triangle DEF 与 therefore，以及末了令我们如释重负的 Q. E. D.，我相信在我们同学之中，没有谁会忘记得了的。

至于李颂韩先生高声朗诵韩文公的《原道》，以及不赞成他的某一老友跑到武昌去革命，虽则是有点儿近于守旧，而他表里如一，言行一致，是谁也不会否认的。

另一位国文教员黄子桢先生，对我实在是恩师。由于他老人家的鼓励（常常在我的卷子上批一百分），我便认真地念起《史记》来，熟读了其中好几十篇，到今天我还能脱口而出，背得《项羽本纪》。在得到黄先生为老师以前，我的国文分数永是徘徊于五十五分及六十五分之间（偶尔也突破七十分大关），总以为"国文非我所长，将来要靠英文、算学吃饭"。自从黄先生对我特别提拔，我也就糊里糊涂地变成我们班上的国文大师，也很像黄毛丫头素来不梳不洗，一旦遇见有人垂青，便居然懂得打扮了。（奉劝世之为人师者，给学生分数，宁可失之于太宽，不可失之于太紧。）

听说我们南洋大学附中，后来于交大成立以后，宣布独立，改名为模范中学。"模范"二字，在我兄弟个人看来，确是当之无愧。我们的老师个个好，例如教我们欧洲历史的刘麟生先生，他是圣约翰的"三杰"之一（其后为金陵女子大学的教授）。刘先生上课全用英文，课本也是鲁滨生、布雷斯特与比尔德三氏合著的《欧洲史大纲》两巨册。有些国立大学的历史学系，到了三、四年级才敢用这两巨册为课本，而学生未必能读。我们呢，在旧制中学的三年级便把这两巨册念完了。

刘先生在那个时候兼了商务印书馆的编辑，由于他的介绍，我们又得到鼎鼎大名的英语权威平海澜先生为老师。平先生主编脍炙人口英文杂志多年，后来离开本校，自己创办了海澜英语专科学校。

刘先生到今天依然丰采翩翩，当年的确是一位美少年，而且颇善修饰。他走到哪里，香味便到了哪里，我们学生均怀疑他不但用了司坦康一类的发膏，而且也一定用了大量的法国香水。和刘先生不相伯仲的是舍监邵禹襄先生。邵先生的大号是雨湘，其风雅可以想见。在我的印象里，只觉得他是一个十分摩登、和蔼可亲的老大哥。他是南洋大学的毕业生，留在母校服务的；在五四运动前后，他是一个学生领袖。

提起邵先生我就不免要联想到母校的老工友周发。我们当学生的，谁能忘记这位脾气如此之好的周发呢？每天早晨晚间给我们灌热水瓶的不是周发是谁？方方的脸，永久是笑嘻嘻的。他慈祥而谦恭，有求必应。买花生，是他；买香蕉、橘子、陈皮梅，也是他。现在回想起来，他的工作何等艰苦。一个中年的人，要侍候几十个顽皮的青年，真不容易。从中院跑出校门，很有一截路；过了桥，才是顺发店（顺字的上海读法，在沈字与陈字之间）。周发每天晚上，不知道要跑几个来回。

顺发店的胖姑娘，到今天该是个儿女绕膝的半老徐娘了罢。记得在她招亲的晚上，我们同学无不以先睹新郎为快；在乡下人之中总算得是一位小白脸了，所以我们见了都替胖姑娘喜欢。妙在我们中间竟无一人吃醋。单凭这一点，我们南洋大学附中的学生也够资格称为模范了。

南洋之房子好

在谈我们同学以前，让我先交代一下我们学校的建筑。本来，一个学校的优劣，原不在房子的好坏。但是巷堂房子实在也办不出好的学校来。我记得参观过一座野鸡大学，地点是在法租界某马路，似乎居然也有一个铁门，门旁挂了一个大招牌，写着某某大学几个字。我向里面一瞧，便有一位介乎听差与教授之间的俗气朋友跑出来向我说："你们是来报名的吗？我们的学费很便宜。"我说："你们有几间课堂？""三间。"

交通部南洋大学的校门，也是铁的，然而堂皇多了。七个字的横匾，摆在一个牌楼上。门的前面是一座有栏杆的大桥，门的后面右首是门房，门房里面有管理学生进出的职员。进了门不久，向右转弯走，便可以见到精致的图书馆；馆内的桌椅，都是极漂亮的木料做的。馆内的工程书籍当然很多，线装珍本与英美小说也是应有尽有。再向前一直走，不转弯，便到了校长公馆及若干教授的住宅。足球导师李思廉先生便住在其中的住宅之一。如果转弯，便到了中院；中院的后面是新中院，与中院并排的是上院，再过去是高年级大学生所住的西宿舍。如果走过了上院向左转弯，便到了雨操场。顺着雨操场向雨操场的左边走，似乎便是医院，其中有诊疗室、药品室与病房。过了医院，向左边走，是一长条的花圃与小树林，夹着一个亭子，与一个日晷。日晷似乎是一九一五级的毕业生送的。是否为一九一五级我记不清了，但是在送的人之中有淩鸿勋先生的名字我是记得的。

在这一长条的小树林的这一边，是大操场，布满了绿油油的草。在那一边，隔着篱笆，就是所谓下院，南洋大学附属小学。下院自己另外有门进出。

在这些建筑之中我们住过的仅是中院与新中院。中院是三层楼，下层是办公室，中层是课堂，上层是宿舍，可谓井井有条。我们的饭堂在哪里？说来惭愧，我反而不记得了。中院一进门就看见两个大楼梯共分六折，直通上层。每到晚间，我们几个同学喜欢骑在梯子两旁的扶杠上滑下来，并且比快；由下面爬上去，也是一步跨上两级三级，真是迈步如飞，其乐无穷。

新中院没有课堂，完全是宿舍。房子是口字形方方的，中间空，有点大旅馆的样子。一共两层，楼下的天井地带，周围有廊，安置着洗脸用的洋铁方槽。每天早上大家围成一圈，埋头洗脸，挺有意思。有一天早上，大家正在洗脸，忽然有人报告说："孙中山先生已经逝世了。"大家不约而同地大哭起来，一共哭了十几分钟。那一天，便是民国十四年（1925年）三月十二日。

南洋之学生好

五卅那一天，我们南洋大学的学生差不多全体出发，骆美轮是总队长，我担任了一个分队长。后来被打死了的陈虞钦同学便是我这一分队的队员。当英国巡捕头子爱活生下令开枪的时候，我们南洋大学的学生正站在南京路的最前线（五月三十日下午游行的时候，南大是第一总队），而我与陈虞钦恰好站在第一排，他的肠子穿了七个洞，而我安然无恙，真是有幸有不幸。虞钦与我同级，为人诚笃温和。他的棺柩停在大礼堂内，我们全体师生开了一个追悼会，大家哭成一片；后来我们把他葬在虹桥路万国公墓，并且为他立了一个碑。到了抗战胜利以后，我特地到万国公墓跑了一趟，在夕阳西下中找到了他的葬地与这一块碑，低首默祝他的灵魂平安。

骆美轮是母校的足球健将，其风头仅亚于申国权：个儿大，跑得快，踢得远。申国权与他，一为halfback，一为fullback，是母校足球队顶得力的两员大将。申君为韩国志士，听说在韩国光复后已经回去韩国；骆美轮呢，其后服务于政界及工程界，似乎做到西康的建设厅厅长以及康藏公路的局长。

在我们庚午级的同学里面，足球最好的是戴君麟经，绰号蟋蟀。他在级队中是左锋，其后升为校队的队员，再其后转学他校，变成该校校队的台柱，又其后为上海顶有名的某职业球队的台柱，一帆风顺，驰名中外。我呢，对于足球的兴趣十分浓厚，常常下苦功去练习，但是仅仅升到了级队的候补队员为止。眼睛近视也许是一大原因。

戴君与我在宿舍里同一房间，为人谦虚天真，毫无一般球员的军阀气，因此也就更受同学们的拥护。

在南洋大学历任的校长之中，卢炳田先生最喜欢足球。有一次本校的校队战胜别校的校队，他特地放假一天来庆祝。那一次对手大概是圣约翰，真是棋逢敌手，将遇良材。我们的中锋宁树藩，把球递左递右，堪称左右逢源。我们的守门是周家骐，配得上称为铜墙铁壁。黑炭一般的钱君，绰号火车头，忙碌万分，力气也大，对方球员碰到他的，他只需把腰一扭，就把人家扭倒了。申国权一而再地把球long shot，从中线踢近人家的球门。在那一天看球的同学，人人以身为南大一份子自豪。然而对方也并不弱，如果差一点，我们的球员就不能表演得如此精彩。美中不足的一点，是我们于放爆竹的时候，看见圣玛利亚女学生无精打采地走出我们的校门，我们心中有点替她们

sorry。她们是先天的圣约翰派，回回都是替圣约翰当啦啦队，南大没有这么一个"姊妹校"，所以比起球来就因为缺乏女啦啦队而吃亏。（在我们离校以后，南大改为交大，开始男女同学，应该有女啦啦队了，然而学校当局不再提倡球赛，以致老南大在体育界的地位一落千丈，令人不胜感慨。）

为了纪念南大对圣约翰的大胜利，《南洋周刊》特别刊载了一篇章回小说体的妙文。作者是谁，我不记得了。提起《南洋周刊》，它的水准实在很高，绝不是其他大学学生们所办的刊物所可比拟。这一点事实，反映了一般同学的国文程度之高，也就是唐蔚芝（文治）先生在南洋公学及上海工专时代所奠下的基础。唐先生的《四书读本》，令人百读不厌。听说在他当校长的时候，新生的国文不及格，就不录取，旧生的国文不及格也不许升班（确否，有待于资格比我老的同学来证明）。唐先生在退休以后，又在无锡办了一个国学专修馆，造就了很多人才。我在新加坡便遇到一位，她任职于柔佛某中学。唐先生泉下有知，应该高兴地说一声"吾道其南"。

《南洋周刊》也发表过我的一篇《协作共享与阶级斗争》（笔名时偕），如果被今天的新闻记者看见，也许会尊我为30年前青年理论家。要再过好几年，胡汉民先生才在南京发表他的"三民主义连环性"。

回想起来，那时的我可谓抱负不凡，母校的环境也的确令人有志气。体格的锻炼使得身体健全，因此精神也健全了。我和曾君润琛与林君文奎是技击部的三位小拳手，每晚必到雨操场理四平，坐骑马式，踢潭腿，耍单刀双刀，舞齐眉棍，抖花枪，甩镖。现在二君俱在台北，在事业上俱有很好的成就，前途的发展更是无可限量，不能不感谢当年母校之请了刘小辫子先生来教我们国术。刘先生讳震东,少年时代参加义和团,中年在张家口一带开镖行,晚年才到上海来传道授徒。他有点穴的绝技,曾经在南京路因为目睹"印度阿三"欺负黄包车夫,当场把"阿三"点得呆若木鸡。后来巡捕房派人找到了刘先生,赔了许多好话,刘先生这才赏赐"阿三"一脚,说:"好了,去你的罢!"那"阿三"恍如大梦初醒抱头鼠窜而去。在我们当徒弟的之中,只有鲍国宝君一人受到刘先生的秘传。邱褚联君也是刘先生所喜欢的大徒弟,可惜中途结婚,刘先生说:"褚联,你散功唻,点穴也不用学唻。"

褚联事实上是技击部的会长,而华寿奎君等于是副会长。寿奎把我们看成自己家里的弟弟一样,可恨有一年他在无锡家乡游水淹死了。在来自无锡的同学之中,我记得有张君江泉,是我们庚午级的长跑健将。还有一位石塘湾的孙君,一天到晚,笑嘻嘻的闹个不停。

我是庚午级的一份子,当然与庚午级的同学最接近,所以今天还能记得起不少位同学的姓名、相貌、神情。

惜别南洋入清华

民国十五年(1926年),在春天刚刚开始的时候,家兄从美国写信来劝我投考清华大学,改学文科,因为他发现了我不该学工程。我心里不愿意离开南洋,但也不愿意违拗家兄的好意,所以就勉强写信向清华报名,偏要跳它一班,以中学即将毕业的资格,要求报考清华大学的二年级(绝不敢存心侮辱我的另一母校清华,苦衷是:不想考取)。凌校长替我出证明书,在操行一栏写上一个"优"字(因为我的操行一向是甲字乙字,甲字多,乙字少);学业成绩呢,九十几分的一大堆（最后一学期之一塌糊涂，要等到以后淩校长告我才晓得）。这么一来，清华方面果然准我以同等学力报考。可我哪里会把琐琐的私人考试之事放在心上。等到离考期只有七天，才发现，啊呀，我被淩校长开除了。同被开除的共有七十余人，据说是孙传芳老人家送来的名单。孙传芳会注意到我，总算荣幸。我笑了笑（哭不出来），便决定用七天的功夫，来一个破釜沉舟式的准备。考清华的大二，必须考大一物理、大一数学、大一英文、大一国文，我所学过的东西是中学物理、中学数学、中学英文、中学国文；管它呢，买一本德夫的《物理学》（英文原本），从头看起总算是把第一章看完了（习题做不来）。七天的日期已过，匆匆忙忙，跑到母校的雨操场去参加清华大学的考试。简单言之，我觉得清华老师们出的物理题目与数学题目太含糊，不容易捉摸，我也就在答案上含糊了事，还敬他们以一个不易捉摸。中文的题目是《儒法道墨渊源流派异同论》，正合孤意，我就一口气写了三本卷子。英文的题目怎么样，我不记得了。真是老天保佑，我居然被录取了。后来叶企孙先生告诉我，说我的数学卷子只有七分，物理卷子是鸭蛋一枚。我怎么会录取的，大概还是因为那一篇啰啰嗦嗦的《儒法道墨渊源流派异同论》。有人说，梁任公先生见到我的"大作"，颇为欣赏，便向学校当局说情，破格录取（是否事实，难以考证）。

在秋高气爽的一个下午，我把上海的事务交代给可靠的几位同志。第二天，我带了一个大网篮、一个行李卷、一只行李箱，跨上黄包车，浩浩荡荡，走到上海北站，买了一张三等车直达票，目的地是北平东站。从此以后，我离了上海，离开了母校，可惜得很。

我与交大

刘曾适

刘曾适（1913—2017），江苏青浦（今上海市青浦区）人。1936年毕业于交通大学机械工程学院，1942年赴美学习发动机及零部件制造。1948年赴台，是台湾重工业的开拓者。孪生兄弟刘曾达同年毕业于交通大学土木工程学院，是我国著名的铁路桥梁工程专家。

摘载刘曾适著：《重工业之路——刘曾适百岁回顾》，（台北）松慧有限公司2013年版，第21—31页。收入本书时略有改动。

我的孪生哥哥曾达与我于民国十八年（1929年）自青浦初中毕业。当年我们一同考进交通大学的预科，于是一起在交大读了七年。这是有段特殊缘分的。

考进最后一届预科

我入学时，交通大学隶属铁道部，另有唐山工程学院与北平铁道管理学院两分部。之前曾名为南洋大学，属交通部，设有附属中学（高中部及初中部）及附属小学（设有高小部及初小部）。更早的前身则是南洋公学。南洋大学改名第一交通大学后，将其初中部及小学部分改为南洋模范中小学，其高中部则改为大学预科。但此预科又是最后一年办理，以后不再招生。

堂兄曾佑，字叔安，在该校初中部任教已近十年，因为知道曾达与我二人在青浦初中及小学时学业成绩都非常杰出，遂鼓励我兄弟俩去参加交大预科的入学考试。

参加此一入学考试者共有600余人，录取名额为40人，备取12人，后来备取者全部被准许入学。结果，曾达考了第九名，我则为第十一名。

当年8月中旬到学校报到时，才知道全部同级学生中有40余人，约半数是南洋模范中小学毕业生直升的，其余52人经考试入学，称为预科一年级。全级分成两班，每班约50人。分班办法依榜单上名次而定：一、三、五、七、九等单数分为甲班，二、四、六、八、十等双数分入乙班。但是巧又不巧的，那位名列榜单第十名的萧姓同学已读完名校扬州中学高中一年级，因误认交大预科只有两年，知道要读三年后就放弃了。（两年后，他再考大学，也被交大录取，比我们高了一届。）因此我被分入乙班，与胞兄弟曾达并不在同班上课。班上一半的同学是南洋模范中小学毕业班直升而来的，与投考而来的交替而坐，以便于彼此互识。

记得在交大预科时每个月有月考一次，每次时间约1小时，通常不论何种科目，我大约都可以在50分钟左右做完答案，留出10分钟查看及作必要修正。预科二年级时，有一次月考化学，题目既多且繁，我赶紧乱写了约60分钟，连核对的时间都没有，考卷就被收走了。等到下一周上课时，教授带了这次月考的考卷来，并称赞有位同学写得好，递给前座第一排的同学，要同学间彼此传递查看。我心想，不知是哪位同学写得如此完美。直到递到我手中时，才知竟是我自己。

预科的许多科目都用英文课本，但部分老师用上海话教。

交通大学有特别规定：全部学生均须住校。我与曾达在预科一年级上学期住中院，下学期住新中院，二年级住南院，三年级住上院。这些宿舍都是南洋公学时期就有的，宿舍与教室在同座大楼。

我俩当时都不在餐厅内用餐。早餐是不吃的，早上通常懒在床上不起身；等到上课前5分钟，警铃会响一次，提醒同学要到教室了，于是我们赶紧起身穿衣洗脸拿了书籍及笔记本，在教师到达前赶进教室坐上位子。午餐及夜饭都到校外小食堂内吃。那时一块大洋可买六张饭票，一张饭票可吃一菜一汤及米饭。我们常常多用一张票加买一道菜，由于此菜不包括饭与汤，所以较一般的菜好多了。我们二人也常常在晚上八九点钟到校门外小摊头上吃一些"半夜饭"（宵夜），如馄饨、饺子等。

本科的分组与实习

交通大学初成立时仅有4个学院，民国十九年（1930年）才增加了科学学院，我们一年级起分学院，三年级起分组。机械工程学院分铁道门、工业门、自动机门（四年级开始又分甲组、乙组）；土木工程学院分为铁道门、构造门、（一般）道路门、市政门；电机工程学院分电力门（即强电门，包括发电机及电动机）、电信门（包括有线电、无线电等通话系统）；管理学院分铁道、实业、财务、公务管理科；科学学院分数学、物理、化学系。

可能是因为国家正推动各项工业建设，当时热门的是工科，而科学学院的同学不太被看得起。等到我们读完预科升大学时，胞兄曾达选择了土木工程学院，我原本已进入电机工程学院，后来在曾达劝导下改进机械工程学院。记得我在预科时会计学读得特别好，老师曾惊为"奇才"；知道我选择工程学院而非管理学院，很是失望。

大学二、三年级暑期，我们必须实习。我二年级暑假时，当年预科三年级时的物理学老师（已忘记其姓名）因交大已裁去预科，无课可教，已离开交大两年，转任平绥铁路绥远至包头段的机务段长。他邀请我与范家驹同学二人到他那边游玩，并在南口铁路机厂实习两星期。从上海到包头的火车车票都是他让交通部安排免费送来的。

我与范同学坐二等车（平常我们只坐三等车）从上海到南京，经浦口、济南、天津等地到北平（即北京）。当时我大姐曾慧与姐夫徐左良都在北京，留我及范同学在北平住了几天，得以逛皇宫，游颐和园，在御膳坊吃满汉大餐，游明十三陵、八达岭长城、东交民巷等地，看当时由杨小楼（小生）、郝寿臣（花脸）合演的有名平剧。然后经山西大同，看了云冈石窟，到地下数十米深处看开采煤矿并被请喝了山西汾酒。然后到南口在铁路机厂实习了两星期，然后再经张家口到绥远及包头。平绥铁路为国内第一条国人自己建造的铁路，主办者为詹天佑先生，故在南口车站有詹天佑的一座铜像，供众人瞻仰怀念。

三年级要分主修，我选了自动机门。记得当时曾在校园内学习开车。

三年级结束，当年新增自动机门乙组（学航空机械，甲组仍学汽车），我已准备进入，所以在暑假期间到了设在杭州笕桥机场的空军航空机械修理厂实习。当时飞机的推动力均来自内燃机及螺旋桨。记得实习将完毕时，空军方面特别邀请我们12位同学一一坐上教练机，尝尝空中飞行的滋味。我被排在十一号。我们同学依号坐上教练机后，在西湖附近上空绕行一圈，下机后即回到宿舍休息。因为我是被排到十一号，仅有被排为十二号的蒋共和兄在场。我上飞机飞行一段距离后，突然觉得天昏地亮，后来又发生了第二次这样的状况。直到下机后，蒋同学告诉我飞机在空中旋转了两圈，问我感觉如何。我才明了刚才发生的事。

学习与生活点滴

一年级修习：国文（3/3）、英文（3/3）、党义（2/0）、物理讲授（4/4）、物理试验（3/3）、化学讲授（3/3）、化学试验（3/3）、微积分（4/4）、军事训练（2/2）、机械图画（6/0）、图形几何（0-6）、翻砂（3-0）。

二年级修习：力学（4/3）、工程化学（2/1）、化学分析（3/3）、机械原理（3/6）、机械计画（6/0）、木工实习（3/3）、金工实习（0/3）、微分方程式（2/2）、材料力学（0/3）、热力工程（一）（0/3）。

三年级修习：机械计画（6/7）、热力工程（二）（3/3）、机械试验（3/3）、电机工程（5/5）、电机试验（3/3）、工程材料（3/0）、机械计画原理（3/3）、金工实习（0/6）、测量及实习（4/0）、工程经济（4/0）、水力学（0/3）、工业管理（0/3）。

　　四年级修习：公文程式（2/0）、内燃机（3/0）、航空机械工程（3/0）、飞机结构（3/3）、飞机引擎（6/6）、飞机引擎计画（4/4）、汽车工程（3/0）、汽车工程试验（3/3）、蒸汽力学（0/3）、飞机保养（0/2）、螺旋桨设计（0/7）。

　　（以上括弧内数字各为上/下学期每星期上课时数）

　　我在上课时非常用心，到了四年级下学期，我每科都拿到九十以上的分数。在教科书上，教授讲解特别多的地方我一定圈划出来，知道是将来考试时题目所在，所以准备考试就十分简单了。

　　我与曾达大学一、二年级住"西宿舍"，三、四年级住新宿舍（执信西斋）。记得住"西宿舍"时，每间房间住三人；我们住的那间除了曾达与我二人外尚有一蔡炘同学。那时刚有广播电台，蔡炘有一具小型的收音机，每晚上床后，可以偷听音乐及说笑。住入新宿舍后，每间只住二人——三年级住外圈，四年级住内圈，于是就是我和曾达同室而居。

　　曾达与我都是喜欢观看各种运动比赛的，包括校际篮球、足球、排球、田径、游泳等项目，还加上上海市的国际职业足球赛与跑马赛等，但我们兄弟二人下场玩的只有乒乓球（桌球）一样而已。

　　毕业时同届同学需合拍毕业照一张留念。记得我们那一届（民廿五级）共有169人。因为要全部同学在同一时间到同一照相馆是不可能的事，所以决定每人必须在方便时间到同一照相馆，穿上学士装戴上学士帽，拍摄一张照片，然后由照相馆把这169张相片集合在一起，再拍摄一大张合照，分给个人留念。据说拍摄个别照片完成后，主办人得到照相馆方面通知，说数来数去，只有168张，少了一人。经承办人员数次检点后，最后才找到原因：曾达与我二人穿上学士衣戴上学士帽后，被误认为同一人，所以照相馆抽去了一张。平常两人发型不同，让人容易辨识，戴上学士帽后就看不见发型了。

毕业与毕业后

民国二十五年（1936年）六月二十七日，我与曾达同以优异成绩自交大毕业（第三十六届）。当年毕业生169人中，属机械工程学院者37人：工业门9人、铁道门12人、自动机门甲组4人、自动机门乙组12人，获颁工学士学位。下午在文治堂举行的毕业典礼上，我和曾达都获得了老山德培奖学金（各在学院排名第一）。中午在容闳堂，我们宣誓入会为斐陶斐励学会上海分会会员（共8位）。此外，我还获得二十三年度第二学期与二十四年度第一学期的免费奖励。

我们初进交通大学时，学校由孙文先生的长子孙科担任校长（实际上他并未到过学校一天，一切由副校长黎照寰先生代理），后来则是黎照寰继任。毕业时，机械工程学院的院长是胡端行。

我及陈文龙兄在交大毕业后，由马冀周副教授推荐进入位于上海龙华飞机场的中国航空公司修理厂工作，其他10位同学到江西南昌航空工程学校受训一年后，进入空军服务，授少尉阶。我在飞机修理厂，陈文龙兄则负责飞机降落后的检查及维护。就在此时，上海周边受到日军侵略，情况紧急，我被派带领修理厂工作人员一起迁往汉口的王家墩飞机场。

后来由于各种因缘，我开始参与军品零件及一般机械的制造，实习卡车发动机与零件的制造，造船，建谷仓，建钢铁厂，筹备汽车厂，虽都与航空机械扯不上直接关系，但机械工程到底是"工业之母"，而当年在交大七年所学的扎实基础与工作态度，让我在每个工作岗位上都能胜任且成功。

回忆交大重庆岁月

曹鹤荪

曹鹤荪（1912—1998），江苏江阴人，空气动力学家、航空航天教育家。1934年毕业于交通大学电机工程学院。1937年获意大利都灵大学博士学位。历任成都空军机械学校高级教官，交通大学航空工程系主任、教务长，中国人民解放军军事工程学院教务部副部长，国防科技大学副校长等职。1985年当选为国际宇航科学院院士。

原载《上海交通大学一九三四级通信特刊（毕业五十五周年纪念专辑）》，1989年，第67—69页。原题为《回忆重庆交通大学》。

1940年暑假我出差到重庆，8月底在七星岗买回成都的票，排了一天队，没有买到，很懊丧地准备回去。忽听到1934级级友张钟俊在叫我。我回头，张对我说的第一句话是"徐名材先生正在找你"，然后告诉我关于成立交大分校和徐先生任分校主任等事。第二天我就到了牛角沱资委会去看徐先生，徐先生向我谈了成立交大分校的经过，并希望我去分校任教事。能回母校教书，我当然很高兴。

两天后我搬到交大分校去住，分校在小龙坎。从镇上经一田间小路进去，不到10分钟就走到。这是从资委会无线电器材厂宿舍划出的一部分。有两座楼，均为二层七开间。一座楼作为教室和学生宿舍，一座楼作为教职员宿舍和办公室。还有一个食堂和一个篮球场大小的操场。几天后张钟俊也搬来了，还有了1位女的英语教授、3位助教和几位职员，全校专职人员就这几个。第一期招收学生80名，分机、电两系。丁观海在重庆大学任教，他也到交大来兼课。他常穿蓝布长袍，一身粉笔灰，说明在重大刚上完了课。徐先生大部分时间在资委会，周末来分校。教务长、总务长、训导长都是兼任的，或是难得到校的。我们几个常住学校的就得多管些闲事，学生争吵，要去劝说；吃什么菜，要当顾问；电灯灭了，要出去找故障。

1941年吴保丰先生任分校主任，这一年又招了80名学生，校舍不敷，加盖一座小楼，勉强应付。

1942年是重庆交大分校大发展的一年，也是我级级友大增的一年。交通部拨款为交大在九龙坡建了新校舍，有教室、学生宿舍、教职员住宅和礼堂。

1942年暑假，学校迁往九龙坡，改称交通大学本部。吴保丰先生任校长，璧山交通部技术人员训练所和溉澜溪商船学校都归并过来。溉澜溪商船学校原址改为交大分部。一下子学校规模扩大了好几倍，原来只有机、电两系，现在则成立了机械、电机、土木、航空、造船、工业管理和运输管理七个系，电信、航海、轮机三个专修科和一个电信研究所。1934级级友又增加了季文美、张煦、张思侯、王达时和徐人寿五位。丁观海因交通不便，不再来交大兼课。教师住宅有唐平村和南洋村两处。张钟俊、季文美、王达时、张思侯住唐平村，徐人寿住南洋村，张煦住城内，我住单身宿舍，一年后搬进山顶上修复的四合院内。

九龙坡的生活是艰苦的、单调的。首先是没有电灯，大家点油灯，学生规定只准用两根灯草，教师没有这规定，但油是受限制的，我就早睡早起。1943年有了电灯，我仍保持了早睡早起的习惯。第二是缺水，在山上吃和用的水是从山下远处一担担挑来的，我们用水很节约，打了浅浅的一盆水，洗完脸后留在盆里，还得用它洗手。买菜要走到九龙坡镇或山的另一边的庙外。我因为在食堂包伙，没有尝到买菜难的苦头。看报也是个问题，重庆当天报纸最早要到晚上才能看到，我经常过几天到办公室去看一次报。文娱活动很少，我唯一的活动就是散步，经常散步东到杨家坪，西到江边轮渡码头，有时约几位同事过江去李家沱，有时去南温泉，当天来回，十余里路全靠步行。

对于教学工作，1934级级友都是主力，都抓得很紧，认真讲课，严格要求，保持了交大的优良传统。教学上的最大特点是刷新了教学内容，提高了教学质量。我节录《交通大学校史（1896—1949）》中两段如下：

渝校的师资队伍与沪校相比较，有其新的特点：渝校的正、副教授大都是一批刚从欧美各国留学归来的年轻学者，一方面他们年纪轻（全校28位正副教授平均年龄37.1岁……）精力充沛，富有生气，带回了欧美各国的新知识；另一方面不少正、副教授曾担任或兼任过业务部门的工作，都比较熟悉生产实际。

师资队伍的新特点带来了教学上的新气象。那就是教学内容较之沪校新而深……他们带回了当时世界科技发展的新知识、新技术、新教材向学生讲授。例如电机工程系张钟俊教授讲的网络学，土木系开的土壤力学，都是当时世界科学领域的前沿学科。许多系直接采用教授们从国外带回来的新教材。土木系四年级讲授高等材料力学、弹性力学和流体力学，都是以世界著名学者铁木辛哥的新书替代了陈旧的教材。有的教材美国1942年刚出版，本校1943年即已采用。

航空系和造船系是在重庆建立的新系，无法与沪校相比。1945年学校复员回沪时这两系还没有毕业生，但教学情况和其他几个系大致相同，例如应用力学，季文美自编教材，增加了过去没有的哥氏加速度、广义坐标和拉格朗日方程等。又如高等数学除讲授微分方程外，还采用了*Pipes*一书，讲授了矢量分析、矩阵、复变函数、拉氏变换和变分法等。基础课程的加强为三、四年级专业基础课和专业课的加深，准备了条件，过去认为交大课程一、二年级紧，三、四年级松的现象，彻底改观了。这种教学上的新气象，回沪时带回了上海。

舰船人生

朱英富

　　朱英富，1941年生于上海，浙江宁波人，舰船工程专家。1963年毕业于上海交通大学船舶制造系，1966年上海交通大学研究生毕业。历任第六机械工业部第七研究院701所研究室主任、副所长、所长等职。主持设计武汉号、海口号驱逐舰，并担任中国第一艘航空母舰——辽宁舰总设计师。2011年当选为中国工程院院士。

原载马德秀主编：《思源·起航》，上海交通大学出版社2013年版，第231—240页。陈姚敏、姜玉平等访谈整理，收入本书时略有删改

结缘交大：爱船爱海

我当年为什么选交大？为什么选造船？其实我高中毕业考大学的时候没什么明确的选择，而且当时我家里条件比较差，不一定非要上大学的，高中毕业时我母亲都帮我联系好了去做钳工学徒的。不过，我去高考，父母也蛮支持，说："你想考就去考吧。"我原来打算考大连海运学院，读驾驶系。有这个愿望，是因为我生长在上海，从小就看着黄浦江的船，小时候在老家宁波也坐过船。因此，我从小就对航海有兴趣，很朴素的兴趣。但是，我母亲说："你要考大学就考在上海吧，出去负担重。"家里条件差，我没有坚持去外地。我在招生手册里看到交大有个造船系，填志愿就填了交大。之后就考进了交大，在交大学了五年。

五年以后要毕业了，因为家里条件差，我想参加工作，工作以后就可以改善家里条件。这时我的老师们，还有我的同班同学，我小班里的一些学生干部，动员我考研究生。当时我成绩还不错，成绩单上写我"一贯优秀"。但是我是不想考的，真的不想考，想工作。加上那是大学五年级上学期结束（我们是五年制的），五年级下学期准备做毕业设计的时候，我们毕业班准备利用春节假期到青岛去实习，我非常想去。我就一直跟老师说我不愿意考。老师却一定要我考。那就考吧。马上就复习、准备，春节也没有好好休息。结果就考上了，又在交大读了三年研究生。

校园生活大写意

我们1958年进交大，那时一年级放在民晏路交大分部。一进来，我们造船系搞了一个改革叫"单课独进"，先搞体育，集中一段时间把一年的体育课都上完。于是我们造船系天天上体育课，上了两个礼拜，天天在操场上跑步。我那时是小不点，1 500米是跑不下来的，人家都通过测试了，我过不了，所以拖后腿了。最后我是怎样过的呢？没办法，就让一个人拿着一个秒表陪我一起跑，最后我们俩一起到，一看秒表，合格了。上完体育后，上数学，整天上数学，一天到晚上数学，要一口气把数学学完，就这样搞"单课独进"。这当中还发生了一件事，就是数学课上了一半时，我们要到南汇县（现属上海市浦东新区）去搞支农，全队人马走着去。因为我年纪小、身体弱，走到半路大家照顾我，不要我走了，让我坐船从水路走。结果，我们在上海的芦苇荡迷了路，后来又下雨，人浑身湿透，脚都不会动弹了。在分部的时候，我们还大炼钢铁，打麻雀，灭四害，爬到屋顶咚咚咚敲鼓驱赶麻雀，反正"大跃进"的一些事都赶上了。不过当时还没太影响教学，整体教学还算正常吧。就是我们一系搞了个"单课独进"，这个新方法看来是不行的，也就搞了半年吧。

二年级我们就回到徐汇本部来了，开始上课以后就恢复正常了。本科一、二、三年级我们是不分专业的。到四年级，交大造船系调整，设立了流体、结构、水上、水下等专业，其中新的专业有水面舰艇专业和潜艇专业，我被分到潜艇专业。读研究生时，杨楒先生成了我的导师。我又从"水下"上来，跟着杨楒先生学"水上"了，主要是搞耐波性，这方面的研究工作干了三年。我们那一年招考研究生是第一次实行全国统招，要求很严。研究生科的老师说："我们的招生原则是宁缺毋滥。"那年全校共招到9个研究生，造船系就招了7个，其中交大考进来3个，北大2个，清华2个。学校对研究生的要求比较高，有一些规定，比如：第一，研究生学习期间不许谈恋爱；第二，如果你参加本科生某一课程的学习，你考四分就等于三分，要求你比人家高一档……我们下一届有一个女生，进来的时候已经谈恋爱了，对象也是本系的。结果他们三年期间没有出去约会过一次，叫"冻结关系"，挺有意思的。学校对我们是很重视的，专门派了个指导员给我们，给我们的待遇也相当于教师待遇，比如说，图书馆二楼的教师阅览室我们也可以去；吃饭呢，我们也可以到教工食堂去吃。

那个时候做研究生跟现在不一样。第一届研究生到底怎么弄啊？刚开始都在摸索的过程中，老师带着学生一起摸索。我们与导师的接触相对比较多，隔段时间就要跟导师汇报一下。那时候，一个导师手下才一两个学生，人少，接触多。等到我研究生毕业的时候，"文化大革命"开始了，没人管分配，我们就待在学校里等着。等了一年多吧，到1968年2月份才分到701所来。

大学学习：扎实的基础，优良的师资

交大的基础教学非常扎实，学校特别强调要抓基础学习、抓功底学习。学校学习风气很浓，我们当时的教务长强调交大老传统，在这方面抓得很好。我们学造船，可基础也学得很多，数学、力学的门数很多。我们当时说有没有必要学那么多啊，但是现在看来这些基础还是有用的。你看从我们造船系出来的，数理方面还是比较扎实的。并且，虽然多学的基础知识不一定马上能应用，但是有了这些根底以后，碰到新的问题、学习新的知识，容易吸收。所以说，交大的毕业生在工作中适应性比较强，这个我们是有体会的。

交大老传统是真不错，这个传统好在它不是教条式说理，而是让你在这个环境里受到熏陶以后很自觉地学习。我在交大读书的体会是，交大的校风、教学体制对人的影响是很大的。不管你是怎样一个人，进去以后学习的自觉性、能力的提升是很明显的。虽然我不是一个非常用功的人，像我的成绩大表上写的"刻苦钻研精神还不强"，但是交大的校风和教学体制对我能力的培养，个人的体会是比较深的。我听说现在学生考大学的时候很卖力，到大学里学习却很松懈，跟我们在校时的情况不太一样了。

交大的数学、物理老师都是非常强的。他们一讲课，我们在课堂里基本上就消化了大部分，所以我们学习并不是用功得不得了，就是听课，再复习一下，作业一做，成绩就好了。不听课，光看书，可能学不了这么好。我记得力学教授讲课挺风趣的，他为我们讲流体力学，一上来就讲了几个例子：猫从楼上摔下来会不会摔死？冬天为什么不冻鼻子冻耳朵？这都是流体力学问题。第一课一上来就讲这些东西，我们本来对这门课程挺畏惧的，他才讲两三句话，大家就放松了。他空手来上课，什么东西不带，讲得非常好，学生学得也轻松。

1982年我到美国加州大学学习，应该说我们交大在流体和结构方面跟他们比，也不见得比他们差到哪里去，所以说当时交大造船系的水平应该还是不错的。我们出去跟外面的学生一交流，他们理论方面不一定比我们强，这点是有自信的。当然，国外的研究设施比我们强，有些研究方法，特别是当时的计算机应用水平比我们先进。但就个人的研究水平看下来，我觉得我们不差。交大造船系成立的时候可以说是把当时全国很多精英都集中到这里了，我们很有幸遇到那么多好的老师，真是难得。说老实话，再差的学生训也把他训好了。

舰船人生

我从1968年到武汉701所，一直到现在，40多年，就是从一个小技术员一点点这么过来的。刚来时还在"文化大革命"阶段，工作并不饱满，就利用机会多学习些工程设计知识。到20世纪90年代以后工作就比较饱满了，那时到现在国家经济也好了，工业也在快速发展，各种高端科技应运而生。我在所里从技术员做起，后来担任过三个型号的总设计师。第一次是搞一个护卫舰，是出口泰国的，那是1989年的事。因为是第一次做总师，实际上是边学习边做，好多老同志还做我的副手，我也一直向他们学习。到1995年，我当了一个驱逐舰的总设计师，就是大家都看到报道的中华神盾舰。这条船搞完后，2004年底，就叫我去搞航母。航母报道得很多了，这是很关键性的一次尝试。所以说我这个人机遇好，一个人能当三个大型号的总设计师，有了更多的学习、锻炼机会。

我国第一艘航母服役以后，国人都很振奋。可以说，我国航母的发展也是几经波折，最后中央决定利用废弃的苏联航母"瓦良格"的船体进行续建，建造我国第一艘航母。当时定下来从2004年开始，到2012年交船，这个时间是很紧张的。一位主管国防工业的领导当时说："这么条船，八年要弄出来，难度很大，我们努力下吧。根据我多年跟船打交道的经验，从科学上讲，它是很困难的。"续建这船的条件确实比较困难。"瓦良格"拖来时只有一个壳体，我们这边没有设计图纸，没有规范，没有经验。我们也曾想跟原研制方合作，人家拒绝了。想想也对，他们设计建造的航母还在服役，不能把自家老底跟我们抖出来啊。后来，我们完全按照新船研制的流程，从方案设计到技术设计再到施工设计，一段一段的，走全过程。还有一个问题是，船要搞了，什么飞机上去？舰载机是个主要武器，没有飞机的航空母舰就是空的。跟飞机的配合完全是从零起步的。另外，虽说我们有很多造舰船的经验，但造这么大的船跟造驱逐舰还是有很大的差异的。做个比喻吧，造驱逐舰像造一个大楼一样，造航空母舰像设计一个小区，整个配套、运转都不一样，涉及许多新的设计理念。再有一个问题是，一般舰船设计我们需要军方提出需求——作战需求、基本需求。这一次，军方说，"我们也没用过航母，怎么提需求啊？"需求牵引的做法在这里是做不到的。于是，我们在论证中做了很多工作，很多需求是根据军地双方共同研究后提出来的，通过供需双方大量地、不断地交流，提出我们国家第一艘航空母舰到底要搞成什么样的。经过八年努力，我们最终将一座"烂尾楼"建成了具有较强作战能力的航空母舰。

通过第一艘航母的研制，我们走过了一个完整的实践过程，取得了许多宝贵的经验，培养了一支技术队伍，建立了一套研制程序，制定了一套管理方法，形成了国内配套体系。时至今日，我们可以自信地讲，我国目前已具备了进行自行研制国产航母的能力。

寄语学子：打好基础，拓展知识面

讲到高校培养人，我还是认为本科基础要学好。以前叫"学好数理化，走遍天下都不怕"。这句话还是有道理的。因为你不可能在学校里把工程应用学得很细，具体工程实践和科研实践都有它的专有特性，又那么广泛，不可能学得很深的。因此，基础还是最本质的，有了基础以后就能触类旁通。另外，学校要培养人的思维能力，有这潜能以后，其他的很容易学起来。把基础做好了，思维能力强健了，就能做到脑子里内存丰富、知识全面，用到时一调"程序"就出来，再一调结果就出来了。所以说，学校还是要加强基础教育，像交大、北大、清华强调基础教育还是很对的，不能急功近利。

听说现在有的船院一年级学生就在考虑毕业后是进民用还是军工企业，我觉得现在不要急着考虑这些，还是应该先把基础学好了，到三年级后再去考虑。造船专业是触类旁通的。现在军工行业里面有一种趋势就是把民用技术军用，电子技术、通信技术等方面特别是这样，这就是现成技术、民用技术怎么转到军事应用上面的问题。因此，军用民用都是通的。现在的口号是发展军转民、军民通用技术，就是希望两方面能通用。所以，低年级学生不要在这方面考虑，技术是相通的。

船舶的特点是系统大而多，牵扯的面很广。作为船舶与海洋工程系学生，知识面广一点比较好。如果你以后真的到船舶设计单位，特别做到技术高层以后，什么专业都要懂一些，这样技术协调工作做起来就比较顺。作为顶层的设计师，协调工作的量非常大，决策能力要求高。再有，我们这个领域里新知识不断地出现，这也就要求我们的知识面要拓得很宽。当然不可能一毕业就那么宽，像我是学造船的，还偏向流体。你要当这条船的总师，就不光要了解动力，电力也要了解，电子设备也要，武器也要，真是一路上要学好多东西，这就要我们自己一边学一边提高了。

我感谢交大对我的培养，希望交大船院能为我国的船舶和海洋工程培养更多的优秀人才！

峥嵘岁月

SJTU MEMORIES

追寻红色记忆，赓续红色血脉

20世纪30年代初期交大党支部的重建和活动

乔剑秋　孙克定　李文采　于添卷

乔剑秋　　　　孙克定　　　　李文采　　　　于添卷

乔剑秋（1909—1996），原名乔魁贤，辽宁海城人，曾任遵义师范学校校长。1930年8月加入中国共产党。曾任中共交通大学党支部书记。

孙克定（1909—2007），原名孙佐钰，江苏无锡人，教育家，数学家。1930年求学交大期间加入中国共产党。

李文采（1906—2000），湖南永顺人，钢铁冶金学家，中国科学院院士。1930年求学交大期间加入中国共产党。

于添卷（1912—1989），又名王天眷、郑君平，浙江黄岩人，物理学家，核电四极矩共振研究开拓者之一。1932年初加入中国共产党。曾任中共交通大学党支部书记、共青团上海法南区委宣传部部长。

原载中共上海市委党史资料征集委员会编：《上海党史资料通讯》1987年第11期，第1—5页。原题为《卅年代初期上海交通大学党支部的创立和活动》。

1930年春的上海孕育着火热的反帝爱国斗争浪潮。当时，中国左翼作家联盟（左联）的旗帜已高高举起，鲁迅和其他一些爱国民主人士又发起成立了自由运动大同盟。这对于爱国有心、报国无门而深感苦闷的知识青年，无异是指明了出路。上海交通大学的一些学生，在这样的形势引导下，酝酿组织读书会，读了一些进步的书刊。在1930年五一劳动节那天，交大学生许邦和、乔魁贤（现名乔剑秋）2人去市中心光华书店购买进步书籍，与一位姓沈的营业员交谈，倾吐了渴望进步的心声。这位营业员介绍他们去找自由运动大同盟办事处，并介绍社会科学家王学文到交大指导同学学习马克思主义政治经济学。就这样，在交大乔魁贤的宿舍里成立了社会科学研究会（社研）小组，参加的人有许邦和、乔魁贤、孙佐钰（现名孙克定）、李文采、刘俊明等。王学文每周来校指导一次，在交大撒下了学习革命理论的点滴星火。

1930年暑假，左联和社联在法租界环龙路（现南昌路）开办一所暑期学校。王学文介绍许邦和、乔魁贤和童家骥、邢桐华等4人，前往参加学习。这所暑校以戏剧家洪深为校长，实际主持人是王学文和冯雪峰。讲课内容以社会科学和文学为主，讲课人有李一氓、华汉（阳翰笙）、柯柏年等多人，并请鲁迅来校讲演一次。许、乔等4人在王学文、冯雪峰的指导下，成为校内进行革命斗争的核心力量。8月中旬的一天下午，暑校办事员老李通知许、乔2人说，经过党支部讨论，吸收他们参加中国共产党；当天晚上许、乔就在暑校参加支部会，实现了渴望已久的为共产主义事业奋斗终身的心愿。

这一年的暑假结束后，许、乔2人的组织关系转到法南区。当时，法南区委一位姓张的干事说，区委决定，交大还没有党组织*，你们两人可以创立党支部，以许为书记，乔为组织干事，张参加支部负责宣传，并要许、乔在校内社研小组中从速发展党员。

他们首先发展孙佐钰和刘俊明入党，这时区委的张干事就不参加交大支了，另由一位谢干事代表法南区委联系交大支部。不久，支部又发展了李文采，这时支部五人形成了一个战斗集体。当时，社研请南强书店编辑、哲学家林伯修和邓初民来校指导，每星期日上午在刘俊明家组织学习。

1930年底，区委宣传部部长焦敏之来交大传达了党内反对立三错误的情况。通过学习，使同志们增强了对党内路线斗争的认识。

1931年春，交大校园内爆发了一场反对第二国际领导人樊迪文的政治斗争。樊迪文（也译为"王德威尔得"）是比利时工人党领袖，曾任比利时内阁大臣，也是第二国际的重要领导人物，与修正主义者考茨基并列，同样受到列宁的批判。这时他来中国，交大校长黎照寰请他到校演讲。上海地下党组织事先与许邦和等同志联系，做了安排。

樊迪文的演讲是在交大礼堂文治堂举行的，所讲的内容无非是为帝国主义和第二国际辩护，同时还攻击苏联。讲话结束，在听众中站出一位气宇轩昂、穿着西服的中年人，他慷慨陈词，对樊迪文所讲逐条批驳。他指出，比利时是帝国主义国家，对中国实行侵略，订有不平等条约，而樊迪文既为比利时的内阁大臣，又挂着"社会主义"招牌，可见第二国际是帝国主义的走狗，是为帝国主义服务的。这一义正词严的发言，使樊迪文异常紧张，只能支吾其词。接着听众中（有许多校外来的

革命同志）爆发出一阵有力的口号："打倒帝国主义走狗樊迪文""打倒帝国主义""拥护苏联"；还散发了小张传单，主持演讲会的校长黎照寰惊惶失措，仓促宣布散会。这次政治斗争取得了胜利。

1931年秋季开学不久，就发生了震惊世界的"九一八"事变。当时，乔魁贤是学生自治会的学术委员，又是同学所熟悉的东北人。在学生会召开的全校学生大会上，乔首先作了发言，激起了全场同学对日本侵略者的愤慨，当即成立了交大学生抗日会，把原学生会的12名委员扩充到21人的抗日委员会，乔魁贤、许邦和和社研小组的袁轶群等都被选入抗委。乔任抗委宣传委员会主委，许为交大出席大学联的代表。随即，全校同学分赴上海市区和郊区进行抗日宣传。

这段时间，党支部先后发展了戴中孚、王镇钰、金希武入党。因为李文采已毕业，孙佐钰因病休学，在校内参加支部的仍是7人。

1931年12月9日，华北学生代表、北大学生许秀岑和中央大学学生江学乾来沪向上海学生报告国民党军警镇压北京南下请愿学生的真相，报告会地点在南市少年宣讲团。报告会散会时，许秀岑遭国民党特务绑架。大学联决定发动上海各校同学包围国民党上海市政府，要求释放被捕的北方学生代表。当天下午3时，交大参加大学联的代表许邦和、袁轶群回校召集全校同学大会，宣布了国民党特务绑架北方学生代表事件和大学联的决定。顿时群情激愤，在党支部的部署下，由乔魁贤以抗日会名义，指挥同学紧急集合队伍，直奔枫林桥的上海特别市政府。接着，光华大学和其他大、中学校学生队伍相继到达，市府院内站满了学生，迫使市长张群站在市府大楼台阶上，听取学生关于释放北方学生代表和交出凶手的严正要求。张群诡称，这事是国民党市党部干的，他没有办法。当时有的学生表示要到市党部去。此时，有人提醒乔魁贤注意张群的调虎离山计，乔立即告诉交大代表。代表团经过讨论，向同学们指出：张群既是一市之长，应该对上海市发生的事全面负责，我们必须向张市长要人。这样，稳住了同学们的情绪，粉碎了国民党当局的阴谋，斗争坚持到凌晨，迫使国民党当局不得不释放北方学生代表，同时交出暴徒。于是，群情激奋，欢声雷动，大学联代表组织民众法庭，当场审讯了特务打手。各校同学，经过一夜的斗争，迎着朝阳，胜利地离开国民党市政府。

事后，在党中央机关工作的胡德滋到交大对乔魁贤说，你们干得不错，中央很满意。不久，上海出版的《涛声》周刊登载了一篇关于民众法庭的纪实文章，盛赞这个群众斗争实践中创造的业绩。

在包围国民党市政府斗争胜利的形势下，大学联号召各校同学赴南京支援北方南下同学，一致要求抗日。当时，交大组成执行机构——干事团，乔魁贤担任干事长，许邦和、袁轶群以交大代表资格参加上海大学联的领导机构。上海学生到南京后，与北方学生会合，组成小队进行宣传活动。12月17日，各地来南京的学生联合举行大示威，队伍到达珍珠桥中央日报馆时，见门窗紧闭，空无一人，群众愤怒高呼："打倒造谣总部！"交大代表袁轶群破窗而入，打开大门，示威群众拥进院内。这时，突然来了千名以上手持枪支和扁担的国民党士兵，对手无寸铁的学生施行残暴的毒打。上海文生氏英专学生杨桐恒被打伤后，又被推入秦淮河淹死。包括交大学生王天眷、陈延庆（后名王翰）等大批学生被捕，关押在孝陵卫军营。这就是震惊中外的珍珠桥事件。《中央日报》造谣说，学生的"越轨行动使友邦惊诧"；还诬蔑牺牲的学生是"不幸失足落水而死"，云云。鲁迅为此发表一篇痛击国民党当局的杂文《友邦惊诧论》。

次日，经过学生的长时间斗争，国民党当局才释放全部被捕的同学，并送回杨桐恒的遗体。这场在下关的斗争坚持了一天，袁轶群代表上海学生与国民党当局进行了勇敢、机智、坚定的谈判。被捕同学归队后，全体同学登上了火车，深夜返回上海。

回上海后，1932年1月10日，在南市召开一次群众性追悼死难同学大会，中学联代表、大夏中学一位姓张的女同学致悼词。大会后，抬棺游行，途经外滩、南京路，直到跑马厅（现人民公园）。交大学生参加这次大会和游行的有李文采、袁轶群等。

交大党支部总结两次（包围上海特别市政府和南京示威）政治斗争情况，肯定群众的政治觉悟，提出积极发展组织的方针，陆续吸收袁轶群、陈延庆入党。

"一·二八"淞沪抗战爆发后，各大学都停课，交大留校同学不过几十人，临时移住学校对面的法租界教工宿舍内。这时，交大的党员和进步群众参加了校外的抗日救亡活动。王天眷当时是交大预科的同学，他由上海中学同学介绍参加了共青团，不久由乔魁贤介绍他回校参加交大党支部。李文采于1931年暑期毕业后，未接受学校的分配，"一·二八"事变时，他从湖南回上海，要求到根据地去。经过组织安排，不久李文采被派到洪湖根据地，实现了他的理想。

淞沪抗战结束后，乔魁贤受组织委派负责从事上海学生运动。交大党支部由王天眷担任书记，王镇钰担任组织干事，陈延庆担任宣传干事。党支部和社研的活动继续正常进行。不久，又发展了顾德欢入党。至此，党支部重新创立两年来，共吸收同学13人入党，社研群众发展到20多人，经过革命斗争实践的锻炼，逐步形成一个坚强的战斗集体。

静静的电波
无声的战场

戴中溶

戴中溶（1909—2007），上海嘉定人。1934年毕业于交通大学电机工程学院，同年进入胡宗南部队，创建无线电通信网，任长官部机要室副主任，兼任电讯科科长、无线电训练班副主任。1939年在中共地下党领导下从事隐蔽战线工作，1947年被捕。新中国成立后，历任军委三局电信总局第一电机修配厂副厂长，通信部器材处处长，国务院科学规划委员会新技术室副主任，国家科学技术委员会一局、三局处长等职。

原载姜斯宪主编：《思源·激流》，上海交通大学出版社2019年版，第2—12页。陈泓、漆姚敏等访谈整理。收入本书时略有删改。

重忆南洋十二载

我是嘉定人。小时候身体非常差，兄弟姐妹七人中，我是身体最不好的一个。可能是家里老房子太潮湿，我的病看也看不好。后来，我在上海工作的姐姐说，还是到远一点的地方——上海来读书吧，所以我就考到交大附小来读书。交大附小前面小河，后面草地，大楼上面宿舍下面教室，环境非常好。小学有体操课，加上生活有规律，我身体也好了。我弟弟戴中孚也是交通大学学生，他1932年机械工程学院毕业，我1934年电机工程学院毕业，他早我两年毕业。我读书比较迟，是班中年龄最大的。

我在交大12年，那时学校要求严格，读书风气很好。小学管得很严，早晚点名，学生要住宿，星期六家长接回。学校转为私立南洋模范中小学后，沈同一是第一任校长。小学时有外语课，但数学、物理还是用中文上的。童子军中露营、学旗语，活动很多，小学生活十分愉快。大学里师资很好，教我们物理、化学课程的许多教师都是美国深造过的，印象深的有张廷金、裘维裕、胡敦复等老师。张廷金是我国无线电学先驱，在中国电信界享有盛誉，他在课堂上教我们的知识很多就是他在美国读书时刚学到的，从火花电机开始到电子管、真空管，当时就与国际接轨了。大学时有一件事印象很深，大学二年级有一个经济学教师上课有点照本宣读的嫌疑，学生就在黑板上画了个留声机以示讽刺。老师回应说，这是"胜利"牌的留声机，你们知道喇叭前面是什么？我们都知道的啊，"胜利"牌留声机的广告画上，留声机前是一只小狗在听广播！

顾德欢、张光斗和我三个人从小离家在一起读书，从小学、中学一直到大学。顾德欢这个人聪明得不得了，功课年级第一，是我们三个人中最好的。他上课听讲十分用心，课外十分活跃。他是乒乓球校队的，网球也很好，课余时间他都在玩，甚至月底考试了，他照样打网球。张光斗也是又能干、又聪明、又刻苦。张光斗一直想追上顾德欢，但总也追不上。大学读了一年多，大二时顾德欢生肺炎停学，回家养病，他闲不住，慢慢接触到了共产主义。回来后他就变了，开始宣传共产党的主张，还向我介绍《资本论》，给我这方面的书看。从此张光斗赶上了他。后来，顾德欢因为搞学生运动被学校开除。之后，他先后转到燕京大学、青岛大学读书。虽然功课还是好得不得了，学校里的同学也很服他，但其实他心思已经不在读书上了，他到哪都要搞学生运动，结果又被这两个学校开除了。顾德欢生病时我去看过他，他家是小地主，生活还可以，他参加革命是真正出于忧国忧民。后来他到浙江谭震林部队去了。新中国成立后，他不愿意在杭州做官，宁愿到北京搞技术，曾做过科学院党组成员。20世纪50年代"十二年科技规划"提出后，中国科学院成立了电子所、自动控制所、计算机所、半导体所等研究机构，他是电子所所长，搞波导传输。

"西北王"的电台

我们那时有种说法是"通讯救国"，我学的是电讯门，出路很好。毕业时，学校介绍西部军队里需要电讯技术人员，大部分人不愿去西北，我对西北倒没什么害怕，当时不是也提倡开发大西北嘛，我就想去看看。推荐我去军队的是张钟俊教授，讲好最多待两年，我于是就去了。

我一点不懂政治，也不知道怕胡宗南。胡宗南是蒋介石最亲信的黄埔军校一期学生，是他学生中第一个当师长的。那时胡宗南号称"西北王"，他兵力充足，一个旅就相当于人家一个师。他为什么要交大人？他的师部在甘肃天水，最初部队之间通讯用骑兵连，师、团相距几十里、几百里，那么大地域，联系很不方便。我去之前他的部队也有无线电台，规模很小，是交大学生陈一伯帮助搞起来的。陈一伯比我高两三届，当时已经离开部队了。所以，胡宗南直接点名要交大人。胡宗南搞电台很大气，用钱就让你做主。我去后把电台建得比较全了，无线电台网从团部到师部到军部都有。我的器材什么地方买的？上海的福开森路上诺曼底公寓知道吗？离交通大学不远的这座大厦下面有一个三极电力公司，那是我的大学老师张廷金开办的，是我们国内早期生产无线电收发报机的三家公司之一。它的产品多为海岸电台和海上船舶服务。我常到那里买器材，还曾专门去香港买过。在部队里，人们对通讯这新鲜东西感到很奇怪，这也不用到前线，一呼叫情报就传过来了。在那里，我做事很顺，很受尊重，月工资130元，一般人只有十几元。

我刚去胡宗南部队时他还是师长，第二年他就升军长了，之后升十七军团军团长，差不多一两年就升迁一次，他的仕途很顺。这期间，部队电台也不断扩大。红军长征，胡的部队去阻截，在西北草原、雪山追着红军打，我当时在甘肃培训电报人员。1936年"西安事变"和平解决，我两年服务期满，假也没请就直接回老家了。

第二年，1937年淞沪抗战期间，胡宗南部队开到上海与日军作战，仓促上阵，两度参战，两度失利，损失很大。蒋介石怕他被打垮，让他回西北。回西北后，胡宗南开始整顿部队。这期间，他总感到通讯发展不起来，就来找我，一定要我回去，说是要抗战，要发展，要我去培养无线电人员，我于是就回去了。

隐蔽战线上的工作

我是机要处副主任，机要处下设三个室，译电、机要文书和无线电，我管无线电，不直接接触电报。译电室是机要重地，规定只有胡宗南和参谋长可以进，而我是例外，我经常可以进到译电室去，甚至有时还把译电拿来看看。因此，我能看到译出的来电和未译发的去电，胡部作战计划、部队调动等来去电文，都能看到。译电室密码本一箱一箱的，一个人一本密码，有通用的，有专用的；译电员行军，一个人一个包，有专人保护。我与译电室的人很熟，他们打牌我也看看，但不与他们瞎混，因为他们来钱的，输赢很大。他们叫我来，我就说我输了不给钱，他们也就算了。译电室在师部的最后一进院落里，我就住在译电室隔壁，当时胡宗南、参谋长等人也住在这个院落内。我不问政治，胡宗南也知道，所以也愿与我讲讲话，院落中间是个院子，我们有时就在院子里聊天。外面讲胡宗南怎么坏，但我感觉他治军很严，不吃空饷，不欠军饷。当然，后来我看到下面隐蔽的走私还是很严重的，也看到国民党军队严重的腐败现象，赌博成风、妓院跟着队伍走这些黑暗面。我感到不能再待下去了，想要离开。

1938年底，我妹妹黄葳（原名戴中宸）来我这里。她读书时就入党了，后来与于光远一起做地下革命工作。妹妹清华毕业后留校任教，抗战时清华内迁长沙，接下来就要迁去昆明，她不愿跟随，想去延安。经过西安时，她就住到我这儿了。妹妹与我谈了几天，我表示想要离开这里，要入党，要到延安去。

黄葳到延安后汇报了我的情况，中央通知八路军办事处，让我不要离开，讲我们要打进去一个人都非常不容易，我马上明白了，从外面就算打进去也没有我这样好的条件。再有入党问题，上级认为我这样的处境是非常危险的，通知我暂时不要入，但一定要坚持留在这个位置上。

我搞情报，不用偷，东西就在我面前，非常方便。我的主要任务是核对或收集重大的情报，一些情报到我这儿核实一下，另外也有其他线在收集情报，我的工作还是很简单的。我不写任何东西，不得不写的必须烧掉。关键是听指示，不能妄动。当时中央派了一个人到西安，开书店。这个人在西安很吃得开，表面上吃吃喝喝，与胡宗南的情报系统一点不搭界。他派了一个青年人做我的副官，叫王金平，名义上是我老乡，说是流浪到西安的，实际上他是徐州人。我干过的比较知名的情报工作，大概是提供胡宗南部队进攻延安的军事动向的情报吧，对保卫延安发挥了作用，中央曾发电给予嘉奖。

电台案入狱

我的被捕，问题不出在我这儿，出在北平。1947年9月下旬，北平的中共地下电台被军统跟踪侦测到信号，电台人员当场被抓，牵连出很多地下工作者。很快，从北平到保定，再到沈阳、西安、兰州等地，整个北方系统的中共情报系统受到严重破坏。西安方面，与我联系的书店老板也被捕了，王金平也突然被抓。机要处主任王微是胡宗南的亲属，平时我跟他关系很好。当时，我在延安，王微打电话问我，王金平被抓，你知道吗？我说不知道！王金平这个副官后来实际上成了整个室的副官，不是一直跟我的。一小时后，王微又来电说，是南京国防三处（情报处）直接来抓的。我当时想：这个地区的负责人是一个很坚强的人，抗战时就曾被捕过，很有气节；王金平，大家都称赞他是最老实的。我相信他们两个。所以我决定不动，静看发展。

没几天，胡宗南派了架小飞机要我回西安。我以为一下飞机就会被抓起来，结果什么事都没发生。天黑后，胡宗南召见我，也不讲抓人的事，只问前线情况。最后，眼看谈话就要结束，他还没说这事。因此，我反而问，胡先生你找我干什么？他嘿嘿笑笑，说，你到参谋长那里去。去到参谋长家，参谋长告诉我，南京要人，他和胡宗南不同意，但现在南京仍要人，面子上过不去。这样，我就去了南京在西安的看守所，让他们调查。胡宗南的太太还来看守所看望过我。

实际上，那时南京方面早就搜查过我的住所，但是我没留下任何痕迹，查不出什么，只是延安的妹妹来过。胡宗南不相信我有问题，他认为我这人不问政治，与延安的妹妹正常来往，正说明这一点。当天晚上，南京方面的一个处长找我谈话，说，我们知道你有一个妹妹在延安，我们也知道你与她来往多次，我都坦然承认。妹妹两次到西安，两次去延安，都住在我这儿。她从延安来西安生孩子，第一次大着肚子活动就已被特务盯上了。妹妹问我怎么办？我叫她赶快住院生孩子，我还天天去看她。这是个教会医院，有一天我去看她，她告诉我，护士说，外面有人要抓她，但院长不同意，院长说，没出医院我要管，出了医院我不管。现在特务守在医院门口。妹妹让我与八路军办事处联系，夜里派车冲出去。我去了办事处，办事处说，朱德和周恩来要回延安，办事处要派8部车送，你妹妹可夹在中间，我当时就放心了。因为胡宗南是周恩来的学生，车队安全大可放心。所以，南京方面查问此事，我也承认两次去八路军办事处。

军统拿不出我"通共"的证据，但也不放人。年底，电台案在案的十七八个人被转押到南京军统看守所，各地的都转过来，我也在列。我是少将军衔，被关押在南京羊皮巷监狱，有军人身份的关在这里，没军人身份的关在老虎桥。书店老板在西安监狱时和我关在一起，到南京后就分开了。据说他没有把我供出去，我也感觉到是这样，因为公判时审方提到戴中溶与共产党有交往，仅仅是指我有个妹妹在延安的事，没其他事实。入狱后，因为我是军人，胡宗南又是知情人，所以没受过刑。胡宗南总是不相信这事，不想南京方面把事搞大，要不然我被枪毙也不稀奇。

我被押解到南京后，胡宗南也不敢多管了。副官被抓，军统又讲我已经承认好几年前就是共产党。据说，胡宗南因此被蒋介石骂了一顿。北京被抓的人中有一个人是冯玉祥部队里的传教士，冯玉祥得知这个消息，就在美国召开记者招待会，讲蒋政府腐败、独裁，把他的传教士也抓起来了。中外报纸一登，蒋介石只能专门成立特种刑庭，对电台案进行公审。结果有公开枪毙的，有无期徒刑的，我是最轻的，被判10年有期徒刑。我们这个案子总共牺牲了5位同志，1948年10月19日他们在雨花台被杀害。他们为什么会被杀害？因为他们每个人都有东西留下，或者电台，或者书面文字。南京方面没掌握我任何证据，但不管怎样，最后还是给我判了刑。

10个人的监狱

解放战争时期，南京吃紧，监狱要搬到杭州去。在南京监狱的几千名犯人，很多是政治犯，每天早饭前枪决一批，每天早饭没吃，就打开门叫号，拉出去枪毙。第二天也是这样，后来下午固定用来枪毙人了。之后，余下的人被迁到杭州。最危险是在杭州，国民党逃到广州去时，杭州又吃紧了，杭州监狱又与南京一样，政治犯一批一批被枪毙，到后来判无期的都被杀了。大家心里没底，我心知我这10年徒刑也是假的、装样子的，随时都有可能被拉出去，感觉真是天天在等死。最后，监狱里只剩了10个人，都是我们这个案子的军人。为什么？因为他们要打报告问怎么处置？报告打到广州，让转押到上饶集中营。由于路上太乱，回函传到南京去了，南京一查人押在杭州，再往杭州转函转押就晚了。但是当时我们并不知道这些情况，天天就是在等死。这么大的一个老监狱，都空了，只留9个看守10个政治犯。大家以为10个人要一起死了。

1949年5月1日早晨，早饭送来后，门都没锁。吃了饭，也没人来收碗。我们感到奇怪，10个人一起出去看看，整个监狱什么人都没有！再一起到大门口，看到了部队！怎么搞的？昨天夜里听到几声枪响，但没有打仗。我们一看是解放军，就想找部队保护我们，但野战军要继续追击不能停留。我们商量下来还是不动，等进驻部队。到了晚上，进驻部队正愁没住的地方，听市民说这里空着，很高兴就来驻扎，因为杭州监狱很大，可以住2 000人。第二天，地下党还没来。第三天，地下党来了。我们问，你们不会不知道我们的情况，怎么不来保护我们？他们说，忙得不得了，但知道部队在这里，你们绝对安全。

我们出来找老百姓房子住下，每天有人送饭来。又过了几天，我在《解放日报》上看到杭州市军管会成立，军管会成员名单中有文教部部长顾德欢。名单一公布，我一看，这是我的大学同学啊。我知道这个名字很少重名，但又怕不是他，就写了一封信给他，第二天，他就派警卫员来接我到他那里。嘉定解放后，我要回家，他写了路条，给了我三元大洋。

建设新中国

回嘉定后，几个同志约我去北京。在北京，我见到了罗青长，罗青长是当年在西安第一个和我联系的共产党方面的人，也是他把书店老板介绍给我的。罗青长安排我到通讯部队工作，从事无线电技术方面的工作。新中国成立初，我曾完成开国大典电控升旗装置的研制任务，保证毛主席在天安门城楼上按动电钮后，第一面五星红旗准确无误地升到旗杆顶端。抗美援朝期间，我在解放军通信兵部组织改装日、美遗留下来的电讯器材，装备志愿军。

1958年后，我调任国务院科学规划委员会新技术室副主任，参加编订我国第一个科学技术十二年规划，参与了我国半导体事业的开创工作，参与了上海嘉定科学城的建设实施工作。"文化大革命"中查我的历史，罗青长汇报给周总理。周总理讲，戴中溶这个人，我很了解，你们不要查了。之后，我被关到牛棚去了，有时陪斗，没有专门斗我。

1972年恢复工作后，我回到了中国科学院，主持西安长波授时系统的设计和建设。当时提出卫星上天，时间要准确到微秒级，我被安排到天文台主持这项工作，因为授时系统归天文台管。搞长波、电波，量测微秒级时间，要把几个测量站联起来，涉及地域广、部门多，工程复杂，难度相当高。科学院让我组织了一支通讯测量队伍，我在海军、空军都有战友，因此还可出面协调联合攻关，终于解决了问题，建立我国第一个长波授时台，为此获得中科院科技进步奖特等奖和国家重大科技成果奖。

燃烧的岁月
——交大生活片段

金 风

金凤（1928—2019），原名蒋励君，江苏宜兴人。1946年考入交通大学工业管理系。1947年9月入党，积极参加爱国学生运动，是新中国第一代女记者、新闻界第一批高级职称获得者。

原载金凤：《命运·金凤自述》，人民日报出版社2000年版，第18—30页。收入本书时略有删改。

声誉卓著的上海交通大学不仅治学严谨，更有悠久的革命传统。新中国成立前交大同学奋力参加爱国民主运动，是上海学生运动的中心，享有"民主堡垒"美称。我1946年考入交大，正是风雨如磐的艰难岁月，积极参加上海地下党组织领导的学生运动，在交大入党，终生难忘在交大这一段燃烧的岁月。

35 : 1，考上交大

"南有交大，北有清华"，交大是许多高中学生向往的名牌大学。我在高中就读的江苏省立苏州中学，数学老师交大毕业，早向我们渲染交大优良的学习环境和雄厚的师资，力劝我报考交大。

当时没有统一高考，大学分别招生和考试。只有清华、北大、南开仍用西南联大名义招生，分别录取。

1946年夏天，我从家乡宜兴赶到上海，住在同学家里，先后报考了金陵女大化学系、交大工业管理系和北大中文系。文理工都报考，我自以为自己有实力。

金陵女大最先考试，我考得不错。

接下来考交大。1946年报考交大的有28 000多人，只取800名，录取比例为35 : 1，35人中取一名。交大考题之难，称得上全国第一，至今记忆犹新。

金女大最先发榜，我到南京上了金女大。

一个多月后，我意外地收到家中寄来的交大录取通知书，我高兴极了。金女大虽不错，但一学期学费高达30吨稻谷，约合现在人民币五六万元。而我考的交大工管系则是学杂宿费和膳食费全免。顺便说一句，当时国立大学虽是公费，学费全免，但只有入学考试成绩较好的一半学生能免交膳食费。交大工管系录取分数线较高，考上工管系的30名同学全部是免交膳食费的全额公费生。

我马上从金女大办了退学手续，找到吴贻芳校长，退了一半学费，寄回家中。自己兴冲冲地从南京坐火车到了上海，到交大工业管理工程系报到。从此开始了我梦想成为中国第一代女厂长而勤奋学习的生活。

当我跨进徐家汇交大校舍时，心情多么激动啊！我终于以35∶1的悬殊比例，在28 000名慕名报考交大的考生中，战胜了27 200名不幸落榜者，考上已有51年历史的著名高等学府。更让我高兴甚至感到骄傲的是，全校3 000名学生中，只有200名女学生。男女生之比是15∶1。作为一名报考工科的女生，我真的十分得意。

丰富多彩的社团生活

从小学、初中到高中，我一直是个好学生，但也不是个书呆子。课外我阅读大量进步书籍，16岁时便看完《鲁迅全集》，又看了他翻译的《十月》《毁灭》和其他苏联小说如高尔基的《母亲》、绥拉菲摩维支的《铁流》，还有《时间呀前进》等，还看了邹韬奋描写苏联新生活的《萍踪寄语》和《萍踪忆语》。我十分憎恨旧社会，高二时曾因反对在沦陷区学日语而在家乡中学闹了一次学潮，被学校开除。高二下学期才考进苏州中学。

当一名安分守己的好学生，将来顺利毕业；参加进步活动，必然要冒风险，两种思想在我脑中激烈斗争着。

交大正是我思想斗争的主战场。一方面，交大学风严谨，功课表排得满满的，每个宿舍夜晚灯火通明，绝大多数同学在开夜车用功学习。另一方面，交大社团生活分外活跃，全校有几十个进步社会团体。文治堂前，壁报琳琅满目。草坪上，山茶社社员在排练秧歌和新疆舞，练习大合唱。还有许多读书会和时事座谈会在举行。学生自治会办得十分出色。同学们办了伙食团，办了小卖部，办了生活服务部，修皮鞋，修眼镜，冲洗照片，拆洗被子，修补衣服，全都不出校园，同学组织起来自行办理。

丰富多彩的社团生活吸引着我，关心时局、要求进步的愿望战胜单纯当一名好学生的职责。我终于先后参加了山茶社、知行社和青年会，又参加了于1949年上海解放前夕牺牲的穆汉祥同学担任校长的工人夜校，给校工和徐家汇一些工人上文化课。

山茶社是以歌舞为主的文艺社团。我们排练了《大家唱》《茶馆小调》《你这个坏东西》《古怪歌》《山那边有个好地方》等进步歌曲，在学校新年晚会上演唱。我们还从著名舞蹈家戴爱莲的弟子隆大哥那里学会了新疆舞、西藏舞和插秧舞等，在全校晚会上表演，也到外校表演。

知行社是一个办壁报和读书会的严肃社团，常举行时事座谈会。我给壁报写了文章，在读书会里，我看了用《七侠五义》当封皮的革命书籍如毛泽东的《新民主主义论》《论联合政府》，还有《共产党宣言》《反杜林论》《自然辩证法》等。

青年会常举办联谊活动，跳集体舞，做游戏，到郊区和苏州郊游等，是一个中间性社团，通过交友活动吸引大批中间同学。

我尽量兼顾学习和社团活动，在我的带动下，同房间的徐旃玲和周丽华也先后参加了山茶社和知行社。

抗议美军暴行

1946年12月24日，北平发生了美军强奸北大女生沈崇事件。消息传来，交大掀起愤怒的浪潮。抗议的壁报布满全校，女同学会首先行动起来。学生自治会组织和领导了全校的抗暴活动。

1949年1月1日，上海全市大中学校学生举行了声势浩大的示威游行。我和交大同学分乘17辆卡车到外滩和各校同学会师，一起行进在繁华的南京路上。走在交大队伍前面的是头戴钢盔身穿美式军服，参加过中国远征军的复员军人同学组成的纠察队。我们高呼"美国兵滚出去""中国不是殖民地"等口号，马路两旁站满成千上万市民向我们鼓掌表示支持。我们还到美军驻地汇中饭店，用英语高呼："滚、滚、滚，美国兵！""你们有没有母女姐妹？"吓得他们紧闭饭店大门，不敢露面。

国民党如临大敌。反动军警用高压水龙头将大股凉水直向我们浇来，浇得我们浑身透湿。时值严冬，穿着被水淋湿的棉袍，冻得我的牙齿格格作响，胸中却似烈火燃烧。我们没有退却，依然昂首挺胸，列队行进。国民党特务挥舞着带钉的"中正棍"冲过来了，逢人便打。幸好我们穿着棉袍，又被浇了水，可以抵挡一下。走在交大游行队伍前面的纠察队立即赶过去和特务展开搏斗……

1947年4月，又一件事使我难以一心读书。4月4日，交大理学院二年级学生贾子干为了筹划下学期膳宿费，到同济大学找朋友商量开办暑期补习班的事，不幸在同济校门口被美商德士古公司汽车撞死！贾子干同学家境清寒，勤奋好学，上有父母，下有妻儿，学业未成，竟惨死在美国人的车轮之下。我和全校同学十分悲痛，更激发了对美帝的仇恨。当时由学校学生自治会和家属共同成立治丧委员会，在文治堂设立了贾子干同学的灵堂，挂满同学们送的挽联。美国人起初派了美籍律师和翻译来交大，声称只和家属谈判，学校不能插手。

美国人的傲慢，激怒了交大同学，当场扣留了两个美国人。美国人请来上海市市长吴国桢，企图靠他压服交大同学和贾子干家属。我们不信这个邪，学生自治会会长周寿昌据理力争，吴国桢只得当场担保要德士古洋行依法赔偿，由他出面在上海市政府约美国人、校方和学生自治会代表谈判。在吴国桢担保下，原来十分傲慢的美国律师和翻译灰溜溜地走了。我和同学们看了拍手称快。

第二天，学生自治会组织了18位代表到上海市政府谈判，又用卡车分批送去500多名同学作为谈判后盾。我也去了，记得坐在市政府大厅大理石楼梯上，静听楼上谈判结果。事前，学生自治会仔细算过一笔账，从治丧、抚恤到赔偿费用，需3亿元。而谈判中美方德士古洋行只肯承担400万元，经力争加到2 000万元。当周寿昌把谈判情况告诉同学后，我们怒不可遏。当场一位同学写了一个字条"既然美国人认为轧死一个人只值2 000万元，我们把这2个美国人打死，各赔2 000万"，递给周寿昌，让他送给吴国桢。我们500多个同学在大厅高呼口号："打死美国佬，赔他2 000万！"吴国桢无可奈何地将这一字条传给参加谈判的两个美国人。美国人看了字条，吓得发抖。楼下的呼声一阵阵传来。德士古公司代表理屈词穷，又慑于交大学生的威势，只得签字接受交大同学的条件，赔偿贾子干家属3亿元。一场面对面反对美帝国主义分子的斗争胜利结束，我和交大同学们一起，切身体会到团结就是力量，增强了斗争的信心和决心。

难忘的"护校斗争"

1947年4月，国民党教育部决定停办交大航海、轮机两科的消息传来，我和交大许多同学愤激异常，坚决反对国民党教育部摧残交大的倒行逆施。包括全校师生员工的护校委员会成立了，代表们一次次到南京请愿，均无结果。

学生自治会召开系科代表大会，一致通过决议：全体同学晋京请愿，不达目的，誓不罢休。

1947年5月12日清晨，由知行社同学负责向全市几家汽车行租来约60辆大卡车，满载交大3 000名同学和食宿用具，浩浩荡荡开向上海火车站。第一辆卡车挂着的横幅上大书"国立交通大学晋京请愿团"几个大字。国民党反动派惊恐万分，动员一些所谓社会名流赶到火车站企图说服交大同学，市长吴国桢也亲自赶到现场进行劝阻。我们下定决心，不听他们，一定要到南京面见蒋介石，让教育部收回成命。

上海北火车站此时戒备森严，列车全部停驶，而且火车都被藏起来了。我们进入候车室，一面派人和站方交涉，一面向车站职工宣传我们进京请愿的意义，得到职工们的支持，他们告诉我们火车车厢位置。我们找到火车车厢，顺利进入站台，纷纷跳上20多节火车车厢。但是，没有火车头，怎么办？在铁路工人的帮助下，同学们在麦根路火车库里找到火车头。驾驶火车对交大同学来说是家常便饭，难不倒我们。于是，有的同学担任火车司机，有的当了司炉，把火车头开进站台，拉上我们乘坐的20多节车厢，即将出站。这时，上海市军政当局赶来威胁我们，要我们当晚6点30分前离开车站，第二天上午8时复课，否则全体开除！

"开除就开除，我们一定要赶到南京请愿！"我和同学们一起高喊。这时，上海医学院、暨南大学、英士大学的同学，赶到北站支持交大的正义斗争。他们送来开水和几个红十字医药箱，许多报社记者也赶到北站采访。我们在车厢里吃着负责后勤的知行社同学为大家准备好的面包和牛肉罐头，喝着开水，唱着"团结就是力量"的战歌，豪情满怀。后来知道，地下党上海学委负责人吴学谦同志当时身佩交大校徽，在火车上现场指挥。汽笛长鸣，由交大同学驾驶的火车离开站台，向南京方向奔驰而去。

当满载交大同学的专车驶近麦根路大场站时，火车突然急刹车停了下来，站在车厢里的同学几乎跌倒在地。原来，卑鄙的国民党当局拆除了路轨，企图阻拦我们前进。这也难不倒交大同学。土木工程系二三百位同学立即组成抢修路轨突击队，有的扛枕木，有的铺路轨，有的拔道钉，很快修好路轨。汽笛长鸣，在同学欢呼声中，火车又胜利出发了。火车行驶20分钟后，前面的路轨又被拆除，土木系同学们又下车修复，火车继续前进。列车进入真如，铁轨又被拆除，土木系筑路队又熟练地进行修复。

这时，已近半夜了。我和同学们互相偎依着坐在车厢里。听说国民党教育部长朱家骅等乘坐二十几辆汽车已从南京赶来。他坐在一辆装甲车里不敢露面，只用扩音器向我们讲话。我清清楚楚听到他说，允许交大航海、轮机两科续办，同意增加学校经费和补发拖欠的教职员工工资，担保不开除任何人学籍。他在协议书上签了字。

我们胜利了！我和同学们一起欢呼，高唱交大校歌。第二天早晨七点，由上海市政府派来60辆公共汽车，满载3 000名同学，迎着朝霞凯旋返回徐家汇交大。

"坐牢怕什么？放出去，还要干！"

1947年5月14日，护校斗争胜利结束。我和一向注重用功学习的交大同学刚刚返回教室，屁股还没有坐热，一场席卷全国的"反饥饿、反内战、反迫害"学生运动爆发了，我和交大同学又一起投入斗争。

5月17日，交大、上医、暨大、沪江等大学响应南京中央大学挽救教育危机运动的呼吁，开始罢课。

5月18日，北平的清华、北大和北洋大学学生上街宣传"反内战、反饥饿、反迫害"，遭到国民党军警袭击，当场被打伤26人，重伤8人。

消息传来，上海学生派出代表向南京政府请愿。我又一次和交大同学以及上海学生共1万人赶到北站欢送三十几位赴京请愿的代表。交大队伍前面，是知行社的穆汉祥同学连夜画出的"向炮口要饭吃"的巨幅宣传画。我和4个同学分别高举五只纸糊的饭碗，上面写着"我""们""要""饭""吃"5个大字，一路上十分醒目。我们将印好的《宣言》和《告同胞书》，沿途散发给成千上万围观的市民。

5月20日，南京学生游行请愿时，遭到反动军警屠杀，这就是有名的"五二〇"血案。

交大同学组成几百个宣传小队，深入上海大街小巷，向广大市民揭露控诉国民党反动派屠杀学生、发动内战的罪行，我也参加了这一活动。许多中学生都受到影响，纷纷跑到交大，要求和大哥哥、大姐姐们一起战斗。

5月25日，交大一些宣传队员在外滩宣传，被国民党上海警备司令部逮捕。消息传来，当时我正在文治堂，这里已成为交大学运指挥中心。我立即和二十几位同学（其中有两名中学女生）组成宣传队，赶到外滩。在和平女神像下，我们向围观的市民愤怒控诉国民党迫害学生的血腥罪行，控诉国民党发动内战，物价飞涨，广大人民陷于饥饿和炮火威胁中，民不聊生；我呼吁广大市民和学生团结起来，一致反内战，反饥饿，反迫害……

正在我慷慨激昂地演讲时，只听得一阵刺耳的警笛，一辆上海警备司令部的警车开到外滩，警车上跳下全副武装的军警，不由分说，把我们二十几个同学包围起来，用刺刀逼着我们上了警车。在凄厉的警笛呼啸声中，警车载着我们一路飞驶到了监狱。

我们被强迫搜身，男女同学分别被关在男监、女监。被捕的女同学有毛国民、俞辅华、顾秋心、我和两位中学女同学，被捕的男同学是邢幼青、刘光裕、黄福祥、林发棠等交大同学，其中不少是知行社和山茶社社员。

我打量了一下女牢，这是一间长方形屋子，大约二三十平方米，靠墙一长排木板铺的地炕，腐朽的木板又黑又臭，上面胡乱放着几床破烂的棉毯。屋角有一只马桶。窗外是一排带刺的铁栏杆，室中阴暗潮湿，简直不是人住的地方。两个中学生小妹妹吓得哭了起来。

我和毛国民连忙安慰她们，叫她们不要担心，交大的同学和师长一定会来救我们出去。

一会儿，警察送进囚饭，是发霉的米饭加一碗烂菜汤。我们拒绝进食，警察大声叱责我们。我灵机一动，大喊"学生、警察是一家""警察也要爱国"！同学们都跟着高声喊起来。远远地，男牢房传来雄壮的歌声："坐牢算什么，我们不害怕。放出去，还要干！天快亮，正黑暗，路难行，坐牢是常事情，常事情！坐牢算什么，我们不害怕，放出去，还要干！"

原来，这是邢幼青同学按照《跌倒算什么》的歌曲，改编成《坐牢算什么》的战歌。我们女同学立即和他们一起大声唱起来。

警察们十分惊慌，跑来跑去，求我们不要再唱了，他们怕上面责怪。我们不管，放开嗓子，又唱《五月的鲜花》《你这个坏东西》《茶馆小调》《古怪歌》等，唱了一个又一个。警察们听得出神，不来管我们了。

不久，交大同学给我们送来毛毯、枕头、面包、牛肉罐头，又告诉我们，交大校长吴保丰先生正在努力奔走，设法保释我们。

我们六个女同学互相偎依着在地炕上睡了一夜，臭虫、跳蚤扰得我们一夜无眠。

第二天中午，校长吴保丰先生亲自出面将我们保释出去。回到学校，我们受到全校同学的热烈欢迎，他们把一面"民主斗士"的小旗送给我们。我们24个被捕同学合影留念，这张照片至今我还珍藏着哩。

军警包围搜查交大

交大是上海学生运动的中坚，是"民主堡垒"，国民党反动派对交大恨之入骨。交大学生自治会周寿昌等同学上了黑名单。5月30日夜间，大批军警突然包围交大，搜捕进步同学。

那天，我恰巧睡在山茶社社员马美丽的床上。她是山茶社的骨干，多次去外校演出，也上了黑名单。她可能听到风声，躲出去了。她住的房间朝南，我住的房间朝北，通气不好，看到她床位有空，我便睡到她的床上。

半夜，突然人声喧哗，几个军警闯入女生宿舍，掀开蚊帐，用手电筒照射着我，一面拿着照片厉声问我："你是不是马美丽？"我又惊又气，连声说："我不是马美丽，我叫蒋励君。你们干什么？"他们把马美丽的照片和我对照，确信我的确不是马美丽，又厉声问："马美丽哪里去了？"我大声回答："不知道。"

那一夜，反动军警一无所获，悻悻而去。

没过几日，学校放暑假了。我回到家乡宜兴，和一批宜兴籍交大同学办了暑期学校，给高中同学补课。我教英文，其他同学教数理化，还办了歌咏队，教中学生唱进步歌曲，向他们宣传时事，撒播革命的种子。

白色恐怖中在交大参加地下党

8月，留在交大的山茶社同学来信，告诉我山茶社社长于锡堃和骨干马美丽都上了黑名单，他们不得不离开交大，到香港去了。山茶社缺乏骨干，希望我提前回校。

我赶回交大，和留下的山茶社社员一起，编演了反映交大学生运动的影子戏，又向前面提过的隆大哥学习了新的民间舞。

8月的一天下午，介绍我参加山茶社的陈明锽同学约我到沪西一家偏僻的电影院去看苏联电影《丹娘》（即《卓娅》）。电影内容是一位苏联少女卓娅化名丹娘，参加游击队，不幸被捕，受尽德国法西斯分子酷刑，最后上绞刑架英勇牺牲。

看完电影，我的心情十分激动，和陈明锽默默走在宁静的沪西高级住宅区的林荫路上。

陈明锽低声严肃地问我："你能像丹娘那样为了祖国英勇牺牲吗？"我点点头，低声毅然回答："我能。"我还加了一句我一向敬佩的鲁迅先生早年写的诗句："我以我血荐轩辕！""你不怕被捕坐牢？""不怕！我已坐过一次，不怕第二次，更多次！""不怕酷刑？""不怕！""你能不能和家庭彻底决裂？"陈明锽知道我家是破落地主，因此这样问。"当然，坚决和家庭彻底划清界限。"我回答得斩钉截铁。

我奇怪陈明锽今天为什么问我这些话，心中隐隐有种预感，他可能会向我提出一个十分重要十分严肃的问题。果然，他退后一步，更加低声而又严肃地问："你知道交大的学运都是地下党组织领导的吗？"我马上点点头，盯着他低声问了一句："你是党员吧？"他郑重地点点头，紧接着问："你愿意入党吗？"他又加了一句："在现在白色恐怖严重时期。"我毫不犹豫地说："我愿意将自己的一生献给祖国，献给壮丽的共产主义事业！"他紧紧握住我的手说："好，如今我们是真正的同志了。你赶快写一篇入党申请，写明你为什么要加入中国共产党。"他又低声讲了书写的要求。

这一场有关我一生命运的重要谈话就此结束。我们跳上电车，回到学校。当晚，我在女生宿舍找了一间空寝室，郑重地写了入党申请书。第二天我将入党志愿书交给陈明锽。9月1日，他在校园一角对我说："祝贺你，蒋励君同志，组织上已批准你入党。从1947年9月1日算起，候补期一年。希望你努力学习，认真改造思想，积极工作，成为一个名副其实的共产党员！"他又一次用双手紧紧握住我的双手。

我激动得说不出话来，满脸涨得通红。我结结巴巴地说："感谢组织对我的信任，感谢你当我的入党介绍人，更要感谢交大。是交大这一年的学习生活，带我走上革命道路。我一辈子也忘不了交大，忘不了今天这一天！"

珍档掌故

讲述档案文物背后的动人往事

从一张百年旧照说开去
——朱东润的交大学缘

胡 端

胡端，上海交通大学档案文博管理中心校史研究室（党史研究室）副主任。

原载《上海滩》2017年第9期，第27—29页。收入本书时略有删改。

百年旧照揭开少年求学往事

　　著名文学史家、传记文学家朱东润的孙女、复旦大学古籍研究所教授朱邦薇，曾向上海交通大学档案馆捐赠一张清末时期朱东润在交大附属小学堂的合影照，由此揭开了一代文史名家鲜为人知的少年求学往事。

　　这张题名为"邮传部高等实业学堂附属小学堂庚戌暑假摄影"的老照片，虽已黄白相泛，但基本上保存完好。照片长28厘米，宽21.5厘米，拍摄时间为清宣统二年（1910年），交大时名邮传部上海高等实业学堂，地点在上院与中院前面的操场上。这张照片集中了附属小学130名师生，应是庚戌级（1910年）学生毕业之际的合影。绝大部分学生都身着一袭白袍，剃发蓄辫，体型高瘦，姿态轩昂，颇具清末新式学堂学生特有的神韵风采。此外，当时的学堂监督（即校长）唐文治、附属小学堂堂长沈叔逵均在合影之中。

邮传部高等实业学堂附属小学堂庚戌暑假摄影

这130名师生中，庚戌级毕业生共40名，朱东润正是该级毕业生之一。朱东润，清光绪二十二年（1896年）出生于江苏省泰兴县（今江苏省泰兴市）一个衰落的书香之家，原名朱世溱，在兄弟"世字辈"四人中排行居末。泰兴朱氏原为明末清初的士绅著姓，其先祖曾率众抵抗清兵屠戮江南。传至朱东润曾祖父与祖父时，尚能扩田置产，中过秀才功名，但到其父朱石庵一代，因科举屡试不售而弃儒习商。之后经商失利，生计维艰，靠典卖房产与衣物度日。在这样窘迫的家庭境遇下，少年朱东润先是入私塾破蒙，接着进入泰兴县高等小学——襟江小学。就读期间，时值科举废除，新式学堂渐兴，后经当时就读于南洋公学中院的远房兄弟朱季鹰指点，于1907年赴上海考入南洋公学附属小学堂，同行的有泰兴同乡、日后的交通大学教务长、物理系著名教授周铭。

"教育惟严"的附小记忆

据朱东润生前回忆，他对第一次进入南洋附小的经过情形有着深刻而清晰的印象：

> 当时，大哥和我搭着一部独轮车从宝昌路向西，一路荒凉异常。这里是法租界向西扩展的地段，一时还来不及新建，但是马路已经向前延伸了。越过金神父路，便是南洋公学。门外一道三五丈长的大桥，迎面是一座门楼，上面"邮传部上海高等实业学堂"的横匾使我理解到原来南洋公学已经换了头衔。进校以后，向前有一段马路，马路南边有一条小河，小河上有一道小桥，迎着桥坡又一道门。门里是小学的所在，四周都是小河。原来这

座小学只有一道小桥通向公学本部，还要再通过大桥才能和外面的人间来往。小学的规定是私越小桥有禁，私越大桥更有禁，除了星期日准过小桥，三节和放学准过大桥外，一概不许来往。

不仅往来门禁严厉，学生日常管理亦相当严格。当时掌理附属小学的是近代上海中小学教育名宿、被称为中国"学堂乐歌之父"的沈心工（名庆鸿，字叔逵，心工是其笔名）。他原系南洋公学师范院毕业，后被派往日本留学考察师范、小学教育，"定科目、编课本，教授管理俱规仿日本"，且奉行日式学堂"教育惟严"的管理方针。对此，朱东润深有感触："学校实际负责人是沈叔逵老师，他抓得很紧，也抓得很有成绩。我们的卧室每间18个人，挂帐子、折被都有一定格式，夜晚睡觉不许赤膊、不许说话。除沈老师之外，我们时时还要受监学老师的监督。如上自修的时候，老师查衣箱，每件衣服都得好好叠起。睡觉了，老师查书籍，也得按照卷帙顺序排好。"

不过惟严惟实之中，亦不乏师爱温情。朱东润到校第一年，染上严重的脚气病，幸得监学陆慧刚老师的照顾，让他在日常起居时双脚不沾水，严冬晨练中棉袍不离身。为满足小孩子馋嘴之需，陆老师还在特定时间段开放了零食禁忌，规定每日上午10时和下午4时以后10分钟，大家可以吃零食，并准备了100多只小铁桶，每人1只，按时开放。除了沈、陆两位老师之外，让朱东润颇有好感的还有地理老师吴采人、图画老师张益三、数学老师吴叔厘、英文老师祝良若、体操老师沈近勇等，他们虽只是小学教师，但是"合抱之木，生于毫末；九层之台，起于垒土"，正是由于他们的兢兢业业、无私奉献，南洋附小长期在上海乃至国内外享有较高的知名度，清末被誉为"东南数省小学堂之冠"。

与朱东润同年毕业的庚戌级，人才济济，后来卓然成名者有李熙谋（曾任交通大学教务长、国民政府上海市教育局副局长）、胡鸿基（曾任国民政府上海市卫生局局长）、陈源（后改名陈西滢，著名散文家、翻译家）、刘道夷（中国早期飞行员之一）等。

与唐文治先生的师生之缘

朱东润在交大最为感念并为他今后研治文史奠定启蒙之基的恩师，非唐文治先生莫属。1907年朱东润就读附小二年级时，署理清廷农工商部尚书的唐文治因母去世，丁忧回籍，被委任为交大校长（时名邮传部上海高等实业学堂监督）。在朱东润心中，唐文治先生一直是自己敬服的国文大家："在桐城派古文方面是有切实成就的，特别在文论方面，有独到的看法。"唐校长莅任后，大兴国文教育，屡次举办国文竞赛，弘扬这所工科大学独有的人文传统。1909年8月，在校内举行的国文大会上，朱东润因文章优异，被唐校长亲擢为小学部第一名，并获得了四元钱的奖励。朱东润用此奖金，购买了一部《经史百家杂钞》。据孙女朱邦薇称，这部书陪伴了朱东润一生，一直到现在还保存在家。

这次作文获奖，不仅让朱东润对于文章写作有了一些新的看法，更激发了他的上进心。另据他晚年回忆，唐先生虽贵为一校之长，也亲自授课，且方法特殊："每星期日上午，他在大礼堂召集部分学生讲授古代散文。听讲的学生是由老师自己挑选的，从专科部到中学部，每班两名。老师的讲法很别致，他从来没有给我们解释字句，也从来没有说这篇文章好在哪里，为什么要读。他只是慷慨激昂地或是低回婉转地读几遍。然后领着我们共同朗读。他这才在教室里打转转，听着我们朗诵。有时他会搬过一张凳子，坐在你身边，说道：'老弟，我们一道读啊。'虽然带着太仓音，但是在抑扬顿挫之中，你会听到句号、分号、逗点、顿点，连带惊叹号、疑问号。"春风化雨，润物无声，朱东润后来的读书治学与授业育人，无形中也是受了唐文治先生潜移默化的影响。

1910年夏天，朱东润在附属小学毕业，因家境不堪，接济中断，面临着失学的命运。正在彷徨无奈之际，忽接到唐文治先生之子唐庆诒的一封信，要他再去上海，并说办法一定有的。朱东润心想，自己与唐庆诒并无交往，这封信应是唐校长授意的。就这样，他又由泰兴回到了上海，由小学老师沈叔逵引荐，去了唐校长的办公室。朱东润对彼时情景记忆尤为深刻："那是在当时称为上院的那座建筑物的底层，靠门的一间办公室，设备很简单，一张长长的大餐台，上面蒙着一条白桌布，两旁一式的十张靠背椅子，唐老师经常是整天毕恭毕敬地挺直着身躯坐在那里。"沈叔逵将朱东润领进屋，向唐校长施过礼后，唐校长用那特有的太仓口音说："唔，你老弟就在中学好好读书吧，学费在我这里。"说完，就把学费交给沈叔逵。唐先生作为一名大学校长，竟记挂着一个小学生升学与否，且自己出钱为学生付学费，这种深仁厚泽与古道热肠，让朱东润终生难忘。他后来以教师为终身职业，以卒于讲坛为天职，以关爱学生为己任，也是一直身体力行唐先生的教育理念。他曾说："唐老师居处的朴素，态度的严肃，对于学生的关心，我这一生是学不完的。"

就这样，朱东润得唐校长资助学费，继续升入中学部，并亲炙其教泽两年有余，1912年上半年离校。后得吴稚晖推荐，留学英国，攻读文学，兼通中西，成为著名文学史家、中国文学批评史学科与现代传记文学的奠基者之一。而唐文治于1920年因目疾辞去了交通部上海工业专门学校（交通大学时名）校长一职，不久在无锡创办了无锡国学专修馆（后定名为无锡国学专修学校），继续为国家培养人才。抗战胜利后，朱东润也一度在此校任教。另据朱东润弟子、当代古典文学研究名家、复旦大学教授陈尚君回忆，新中国成立后在修订编纂新版《辞海》时，朱东润曾郑重呼吁，并与人联名写信，要将唐文治先生作为词条收进去，后来在1989年版《辞海》中，唐文治先生作为新补条目终于名列其中。朱东润的这一主张，不仅仅是因为感念唐先生的恩泽，更因为他觉得唐先生在中国文化和教育方面贡献卓越，完全值得列入，以垂不朽。唐文治校长对朱东润先生的无私培护堪称佳话，二人的嘉言懿行同样垂范后世。

老照片里的交大
女生故事

章玲苓

章玲苓，上海交通大学档案文博管理中心年鉴校志室主任。

原载朱隆泉主编：《思源朝——上海交通大学故事撷英》，上海交通大学出版社2006年版，第383—389页。原题为《巾帼不让须眉——早期交大女生生活掠影》，收入本书时略有删节。

1929年，交大全体女生在中院前合影，这是目前留存最早的一张交大女生合影

1927年，开男女同校之先河

1927年是交大历史上值得记载的一年，8位女性进入了这所闻名遐迩的工科大学就读，开创了交大男女同校的先河，留下了社会开明史上重要的一页。在今天看来，这全然并不为奇，然而在当时，却是轰动一时的新鲜事。毕竟，在中国这块大地上，兴女学，特别是大、中学男女同学还只是刚刚起步。

几千年来，妇女深受封建礼教的束缚，良家女子养育于深闺，不教以学问，不授以职业，防之甚密，禁之甚严。维新派代表人物梁启超愤怒地揭露封建社会对待妇女是：闺阃禁锢，例俗束缚，惰为游民，顽若吐蕃。

1840年的鸦片战争打开了中国的国门，西学东渐给中国带来了男女平等的观念。甲午战争后，随着维新运动的展开，有识之士逐渐认识到女子教育的重要性，他们把兴女学、开女禁和强种保国联系起来："女学最盛者，其国最强，不战而屈人之兵，美是也；女学次盛者，其国次强，英、法、德、日本是也；女学衰，母教失，无业从，智民少，国之所存者幸矣？"女子入学逐步增加，直至五四时期，新文化运动的勇士们猛烈冲击封建思想的堤坝，女权运动蔚为波澜，女子教育也终于步入了科学化发展的阶段。

自1898年经元善在上海创办我国第一所自办女学"经正女学"始，至1907年颁布《女子小学堂章程》《女子师范学堂章程》，女子教育开始取得合法地位，1911年允许初等小学堂男女合校（中国近代史上男女合校之始），直至1920年北京大学招收女生，妇女才被允许进入官办大学。中国女子教育发展的每一步都走得异常艰难。

英才济济，倾珠玉于一堂

1927年9月20日，堪称交大女生先锋队的8名女性：吴澍、赵淹、文杰、钟慧嫦（均入铁道管理学院攻读铁道管理专业），吕庆九、华淑珍、余顺安（均入预科一年级），盛保一（入预科三年级），勇敢、豪迈地进入了这所从来没有女生的学校。虽然未到一年，"先锋队"中的一半（钟慧嫦、华淑珍、余顺安、盛保一）因故相继退学，但她们敢于报考并能过五关斩六将杀入交大的勇气和能力是令人钦佩的。同时，她们的行为也吸引了更多的女性步入高等学府汲取先进的科学知识，单就这点来讲，其意义就非同一般了。

交大素以考试的严格、功课的繁重而闻名全国。女生入校后，本着无畏进取的精神，以巾帼不让须眉之慨刻苦学习，与男同胞一争天下。她们在校品学兼优，个个都出人头地，身手不凡。1931年，经过4年的艰苦学业，吴澍、赵淹、文杰3位女性获得了铁道管理学士学位，成为交大历史上的第一批女性毕业生，在她们的人生旅途上也写下了最为辉煌的一页。

女生之中，尤以英语演说和辩论人才辈出。1930年春，在作为资格选拔的全校英语演说级际比赛中，工程学院二年级的王亨龄、管理学院一年级的朱耀贞分获第二、三名，并取得了参加四大学（交大、暨南大学、复旦大学、光华大学）英语演说比赛的代表资格。四大学比赛当日，"英才济济，倾珠玉于一堂，鸿论滔滔，争胜负于三寸"，交大以王亨龄、朱耀贞等3名学生组成的强大阵容参赛。王亨龄女士以"Women's Occupation"为题，立意新隽，声调清越，赢得了全场评判的一致好评，终获个人锦标，并赢得银盾一尊。百年校庆之际，定居美国的王亨龄女士还托人将这一颇具纪念意义的银盾捐赠给母校校史博物馆。除夺得个人桂冠外，该比赛团体锦标也为交大夺得，真可谓是双丰收，女生的功劳更是不可没。

时隔一年，已升入大二的朱耀贞技艺更趋成熟，雄辩滔滔，名盛一时。当时的校刊曾如此评价她："口若悬河，演说老将，全校个人锦标，不过牛刀小试。"全校的英语辩论赛锦标当然非她莫属了。朱女士还多次代表交大出征校际间的英语演说和辩论比赛，并屡创佳绩。

20世纪30年代初，交大女生虽屈指可数，但"人人皆具有坚韧不拔之意志，与风毅勇为之精神，故学冠侪辈者有之，办事精神者亦不乏之"。当时学校专为经济困难的学生设立免费制度，但人数只占学生总数的百分之五，且成绩名次在本班前列三分之一、操行与学习成绩不低于乙等（80分）者，方有资格申请。1930年，预科女生李璇因学行均优成为免费生，同年她还获得了"念珠奖学金"（专奖给全校女生成绩最优即在85分以上、操行入甲等之一人）。值得一提的是"先锋队"中的吴澍，可称得上是其中的佼佼者，继1929年获"老山德培奖学金"（当年管理学院只有5人获奖）后，1931年又获殊荣，成为斐托斐荣誉学会的会员。斐托斐学会成立于1921年，入会条件极为苛刻，吴澍因成绩优良，品行纯正，在校服务卓有成绩，成为当年11名入选会员中的唯一女性。

"在新旧礼教过渡时代的男女同学的初期，谁都知道是'风声鹤唳'之秋！故女同学在第一期中极少课外活动，最初虽有一二女同学在团体中服务，旋而因故谢绝了。"但随着日后校内气氛的缓和，从前女同学不愿参加的各种活动，都踊跃参加了，并积极地参与了社团组织。在学生会中，女生担任了总务委员会、艺术委员会、卫生委员会等会员，她们以女性独有的细腻，耐心地为全校同学服务。1930年，当时工程学院唯一的女生王亨龄加入了工程学会，并成为该会演讲部负责人。管理学院学生文杰则成了交大年刊社的第一位女编辑。交大通讯社、读书合作社等社团中也有了女生的身影。女生们还根据自己的爱好，分别加入话剧社、京剧社等，为本已蜚声沪上的剧团平添了一分亮色。

1927年，女生人数寥寥无几，一切体育运动均不参与。翌年，12名生力军又加入此行列，女生声势一下大振，第一支女子排球队便应运而生。队长吴澍，久战沙场，资深望重；头排关凤珠，还有"托救之合宜，劈杀之凶猛，更属口碑载道，誉满春申"的张莼荪、陶荪坐镇二排、三排，堪称人才济济。初次出战，竟使名闻沪上的裨文女中排球队败北。1930年，交大女子排球队还代表上海出席了在杭州举行的全国运动会女子排球比赛，其实力可略见一斑了。第二年，曾代表江苏省出席全运会的侯毓汾女士加盟排球队，可谓锦上添花、如虎添翼。每当夕阳西下，排球女将们便在球场上刻苦训练，击球声、欢笑声此起彼伏。

继排球队运动兴起后，更多的女生投入了田径、技击、网球等运动中去，寒冬腊月，游泳池中还出现了女生矫健的身影。

女生宿舍天堂般美丽

早期交大女生大都出身于中产以上家庭，更有名门闺秀，平时不用说外出旅游，就是待在家里，随时都可以唤婢使仆，家事根本无须亲自操劳。如今，她们远离父母，过起了独立的生活，居住的环境更是与自家的大宅院有着天壤之别："我们的房子是旧的，时时刻刻有坍塌的危险，尤其是后面几间，万不能担负许多人的重量的。"然而，就是在这样艰苦的条件下，这些娇小姐却将之料理得井然有序，并独具匠心地经营出自己的一片小天地："入门北向，为接待室，陈设颇幽雅……遂出，折东而南，入他室，精致幽雅，美丽夺人，经盥洗室，妆台峭立于旁，脂粉水渍，隐然若现……日光乍射，幽美艳伦，架上美丽花盒，尤惹游人之注目……既出，复入第一室，室内设置清雅，富于美术化。"在男生眼里，女生寝室犹如天堂一般美丽呢。当年学校举行的清洁运动中，女生每每拔得头筹，男生们也只有望而兴叹的份了。

男女合校，也给相对严谨枯燥的男性世界带来了些许浪漫与趣味。1930年，学校建立34周年，被视为禁地的女生宿舍第一次对外开放，男生们闻此消息，莫不眉飞色舞，争着前往一饱眼福。"的确，三年未开禁的女生宿舍，我们早已视为含有无限神秘了，偶然我们从外面回来，经过这座'神秘之宫'时，便可从画楼一角，笑语喧腾之中，想象到这里面是如何富丽，如何精美，如何令人有可望而不可即的失望与嫉妒。今天呢，居然能允许公开的参观，这种千载一时的机会，有谁愿失之交臂呢？"后来男生接踵而至，女生宿舍出现了"几无插足地"的局面，也就不足为奇了。

"交大 Girl 必嫁交大 Boy"

随着筑在男女间的高墙逐渐敲碎，学校也日益家族化起来。当时，低年级的同学都尊称高年级的女生为"大姐"，尤其是一、二、三年级的同学，叫四年级的大姐时，那甜劲简直让听的人心花怒放。当然，大姐也不是好当的，弟妹的心事，不但要了如指掌，而且要感到和自己的一样重要。男生遇到学习或生活上的困难时，都愿跑到大姐处寻求指点和帮助。男女同学在日常的交往中互生情愫，日后结为百年好合的也不乏其人。如吴澍女士与陈振铣先生、陶莼女士与陈虞添先生（"五卅"烈士陈虞钦之兄）等，当时的校长黎照寰就诙谐地说道："交大 Girl 必嫁交大 Boy，利权不得外溢。"

这里，我们必须提起当年一群壮志可嘉的女生。1931年"九一八"事变后，马占山将军在东北誓死抗日。为激昂民气，交大的邵卓然、吴世英、李璇、毛之粲4名女同学决议赶到黑龙江救护伤兵，准备于11月19日随东南医科看护队出发一同北上。李璇父母得知后，当即将女儿追回加以监视。李璇抗争良久，终未成行。其余3位女生则热情高昂地到达南京。当晚，学校得此情况后，马上电告铁道部前去慰问。第二天，铁道部派专人前往并苦口婆心劝导。邵卓然、吴世英、毛之粲经过3个小时的思想斗争，为成全东南医科看护队继续北上，终于答应放弃个人愿望，不再北上。3位女生当场赠以现洋75元，并译诗一首"Why Worry"，忍痛含泪与东南医科看护队道别。邵卓然等4位女生矢志救国的夙愿虽未能实现，但她们的行为已成为一段佳话，广为传颂。

"吾校女生有健康之身体，高深之学识，精明之才干，坚韧之意志，勇为之精神，日后服务社会，必不至有负国家培养人才之旨意，及师长教诲之苦心。"女性同胞通过自身的努力，向师友、向社会证明了自己的能力与价值。她们中的大部分学成后或留学域外继续深造，或踏入社会谋求职业。无疑，她们对中国传统的妇女观提出了挑战，她们也当之无愧地成了独立、实践、才学兼备的现代女性。

档案馆藏马寅初
未刊手札释读

何嘉玲

何嘉玲，上海交通大学档案文博管理中心档案保管利用室工作人员。

原载《北京档案》2020年第3期、第47—48页。原题为《马寅初未刊手札释读》。

马寅初（1882—1982），浙江嵊州人，著名经济学家、人口学家、教育家。1906年留学美国，获耶鲁大学经济学硕士、哥伦比亚大学经济学博士学位。1914年回国，先后任北京大学、东南大学等校教授，并在政府、银行部门任职。1931年8月至1936年10月，马寅初任交通大学管理学院特约教授、研究所研究员兼实业经济组主任。任职期间，马寅初往返南京、上海之间，每周在交大管理学院开设一次经济学专家讲座，同时担任研究所实业经济组主任，出版《中国经济改造》（商务印书馆交通大学丛书，1935年版）、《中国之新金融政策》（商务印书馆1936年版）等。

契机：馆藏名人手札撷英展

2018年6月28日，"笺之语——上海交通大学收藏名人手札撷英展"在上海交大徐汇校区董浩云航运博物馆开幕，此次展品是从馆藏数千封手札中撷出26通1949年前各领域先驱人物、社会名流、大师学者与交大往来的手札原件，展陈形式以架上绘画为主，辅以二维码解说和中英文对照翻译，展期3个月。"名人手札撷英展"正式对外开放后，社会反响热烈，不仅"看看新闻"、《新民晚报》等多家媒体争相报道，还吸引了将近3万来自不同年龄层、不同省市、不同职业圈的观众前来观展。

此次展览的主办方上海交通大学档案馆馆藏丰富，拥有近214 737卷（件）纸质档案，其中有2 080卷1949年前历史档案。只有十年如一日地对档案进行收集、整理、保管的前提下，才能为这次"名人手札撷英展"奠定坚实的基础。笔者徜徉在浩瀚的档案宝库里，慢慢品味名人的美妙文辞，发现展出的26通名人手札中竟然有1通"中国人口学第一人"马寅初写给李熙谋关于来校演讲的信。那么馆藏中是否还有马寅初其他手札呢？以此为契机，笔者与同事通力合作，耗费数月时间，最终在将近2 000多卷清末民国时期的历史档案中，又发现有1通马寅初致钟伟成院长函。通过查阅《马寅初全集》《马寅初全集补编》和《马寅初年谱长编》等各类马寅初研究史料与著论，均未见刊载过这通手札。也就是说这通马寅初致钟伟成院长函是研究马寅初生平的又一重要史料发现。信函全文如下：

伟成院长先生勋鉴：

　　暌违尘教，时切驰系，比维时祺清和，为颂无量。兹启者，上月卫先生挺生莅院讲演，所有酬金六十元，未荷惠下。现承卫

1934年6月7日，马寅初致钟伟成院长函（原件藏于上海交通大学档案馆）

先生嘱，该项酬金作为应缴之中国经济学社永久社员社费。谨乞费神饬交王烈望先生惠寄南京四明银行张思传先生。毋任感荷，尚此奉恳，即颂时绥。

弟寅初谨启　六月七日

解谜：马寅初手札年份

翻开古朴的历史案卷，定格在马寅初手札的落款时间，仅为"六月七日"而无年份，那么这通手札究竟写于哪一年呢？笔者发现手札用笺为"中国经济学社"，信笺边款印有该会社主要成员名单："社长马寅初，副社长刘大钧，理事金国宝、王云五、吴鼎昌、黎照寰、李权时、何德奎、寿景伟，编辑主任唐庆增，会计张思传，书记徐兆荪，基金会计王志莘，基金保管委员李馥荪、徐寄顾、潘序伦、马寅初、刘大钧，出版主任李伯嘉。"查得当时中国经济学社人员的变动情况是："民国廿一年九月十八日的第十届理事会第一次理事会互选结果为：马寅初为社长，刘大钧为副社长。""民国廿二年四月十九日第十届理事会第五次常会议决事项之一：书记王永新辞职，另请社员徐兆荪君继任。""民国廿三年九月廿五日的第十二届理事会第一次常务会议上刘大钧当选社长，黎照寰当选副社长。"据此，与信笺上中国经济学社人员情况完全符合的时间段应是从1933年4月19日至1934年9月25日。即这通马寅初手札所写年份可缩小范围至1933年6月7日或者1934年6月7日。

同时，手札提及"上月卫先生挺生莅院讲演"，可知卫挺生在马寅初写手札前一个月在交大有过演讲，即1933年5月份或者1934年5月份。据上海交大档案馆馆藏记载，1934年4月24日钟伟成在京沪铁路局请求免票的信中提道："属院三年级经济立法课，已约定立法院委员卫挺生先生，于五月二日及三日来校，连续讲演二次，每次两小时。"继而推测出手札所提"上月"卫挺生的讲演酬金是指卫挺生1934年5月2日、3日在交大管理学院做经济立法的主题演讲课的酬金，所以最后推断出这通手札写于1934年6月7日。

品读：马寅初手札故事

细细品读这通马寅初手札，回望马寅初先生的教学生涯。1931年8月至1936年10月，马寅初任国立交通大学管理学院特约教授、研究所研究员兼实业经济组主任。任职期间，马寅初往返南京、上海之间，每周在交大管理学院开设一次经济学专家讲座。因此在1934年6月7日，也就是写这封信的时候，马寅初具有双重身份，既是交大管理学院特约教授，同时也担任中国经济学社社长。笔者揣摩正是因为这双重身份，使得马寅初出于公——为了落实第十届理事会议决事项即积极征求中国经济学社永久社员社费，也出于私——与管理学院钟伟成院长是同事关系，故受卫挺生嘱托，向钟伟成院长征求卫挺生在上海交大演讲所获的60元酬金，作为卫挺生永久社员社费之用。

此外，马寅初还在其手札中写到，希望钟伟成院长将这笔酬金先行交给其在交大的助教王烈望，再由王烈望寄给时任中国经济学社会计、南京四明银行副经理的张思传。那么为什么马寅初要颇费周折地将这60元酬金交与张思传呢？首先，中国经济学社会计不仅要收集和保管入社费、常年社费和捐款，还要运营社费、做好登记等工作。其次关于永久社员社费一说，在中国经济学社发展过程中，曾暂时规定永久社员以200人为限，并在1934年中国经济学社的第十一届理事会上，决定所收的永久社员社费，除了存南京中国银行的1万元之外，其余都如数存南京四明银行。

名人手迹，六朝始重，片纸寸楮，视为瑰宝。马寅初作为我国著名的经济学家、人口学家、教育家，其手札特有的文献史料价值、文博收藏价值和书法艺术价值更是他人无法比拟的。这通未曾刊布的手札是研究马寅初在领导中国经济学社和任职交大教授两方面情况的第一手珍贵史料，也是对《马寅初全集》《马寅初全集补编》的补遗，对于还原一个立体的马寅初具有重要意义，也具有较高的学术价值和史料价值，可供有关学者研究取证。

风
物
探
源

探寻校园建筑风物背后的历史沧桑与人文情怀

凝聚历史沧桑的交大校门

漆姚敏

漆姚敏，上海交通大学档案文博管理中心校史研究室（党史研究室）研究人员。

原载盛懿主编：《老房子 新建筑——上海交大110年校园》，上海交通大学出版社2006年版，第3—6页。收入本书时略有改动。

一般说来，大学的校门是一座大学最引人遐想的景点之一。它凝聚着大学的历史，传递出时代的信息，迎接着未来的希望。人们游历大学校园的第一步，往往就从在正门留影开始；对大学校园的第一印象，也就这样从各具风采的校门开始了。

上海交通大学有徐汇、闵行、黄浦、长宁、浦东等多个校区，这样一来校门尤其多，正门、侧门、边门……林林总总有几十个，其中华山路上的徐汇校区正门作为学校的象征，以其古老凝重、雄浑端庄的身姿，向人们展示着百年学府的历史韵味。

徐汇校区正门为中国古典宫门式建筑，三开暗红色大门，朱红墙体，碧色琉璃瓦。单檐歇山式屋顶，屋脊上蛟龙盘踞，四角飞檐处有骑飞禽者领着五只小戗兽登高远眺。门口右方挂着白底黑字的"交通大学"校牌。一对高大的石狮子雄踞左右。稍前方，两座汉白玉的桥头灯柱悄然肃立，执着地守护着迎送过无数交大人的曾经的校门桥桥面。带着浓郁民族风格的校门在上海这一现代都市中心城区的建筑丛林中，尤其显得与众不同。古香古色的校门将喧嚣严严实实地关在门外，踏入校门的那一刻，尘世繁华顿时换作书生意气扑面迎来。上海交大徐汇校园内有不少古朴庄重的老建筑，正门以其浓郁的中国古典风格与校园内众多的西洋古典风格建筑相得益彰，这也许是当初南洋公学"中学为体、西学为用"的办学思想在建筑上的体现吧。

南洋公学诞生于1896年，当时的中国苦难深重。建校时学校大门选定在校园的东向偏南方位，大门对面隔条马路就是法租界，学校身处华界，从校门天天望见这片土地，"不忘国耻，振兴中华"的信念天天在师生的胸膛里燃烧。正门和中院一起始建于1898年，是交通大学最早的建筑。最早的校门平面为"山"字形，采用了中国牌坊式的木质建筑结构，清清楚楚地表明这是一所中国人办的公立大学。当时，正门前有一条南北流向宽不过五六尺的河浜，河上建有一木桥，名校门桥。从学校档案馆保存着的几张校门桥雪景的老照片中可以清晰地感受到当年清幽宁静的学府气息。

1926年30周年校庆之际，丁卯级（即1927级）同学捐资建造了一座钢筋水泥桥取代了木桥，由校友杨锡缪设计监造，当年十月竣工。当时的校长凌鸿勋曾立铜牌以志纪念。1934年，乙卯级（即1915级）校友捐资重造校门，吴培初先生助银5 000元，该级校友凌鸿勋并全级同学合捐2 000元，学校拨公款5 000元，由基泰建筑公司打样，校友组建的钟山营造厂承建。1935年6月新校门落成，其式样仿古宫殿门，朱户碧盖，颇为美观，基本形成现在校门的建筑式样。

20世纪50年代初，构成校门一景的流向肇嘉浜的小河河道被填平，校门桥桥面和高起的河道逐渐融为一体，仅剩栏杆和桥头灯尚可依稀追寻河的踪迹。学校照原样多次对校门进行大修，如加高屋顶，改泥瓦为琉璃瓦，增加灯光等。1998年华山路拓宽，学校割舍了门前的桥栏杆，在原先桥头灯的位置重置了两座象征性的汉白玉桥头灯柱。校门外泥砖和混凝土的地坪换作花岗岩地砖，两侧的棚户住房也被拆除廓清。交大正门在上海徐家汇宽阔的华山路上明亮耀眼地凸显出来，巍巍学府，卧虎藏龙，显现出中国一流学府的雍容气度。

交大正门伴随着交大穿越百年沧桑，一路走来。随着学校隶属关系的变更，门上校名由最初的"南洋公学"先后变为"商部高等实业学堂""邮传部上海高等实业学堂""南洋大学堂""交通部上海工业专门学堂""交通大学上海学校""交通部南洋大学""交通大学"等。1938年，日本宪兵侵占交大校园，4月17日，交通大学校名牌匾被摘下，挂上了"东亚同文书院"的牌匾，这一挂就是7年。直到1945年抗战胜利后，交大师生重返校园，校门斗拱正中郑重地挂上了"交通大学"四字篆体竖匾。国内革命战争时期，在这座校门下，交大的爱国师生冒着生命危险与前来抓人的荷枪实弹的国民党军警对峙。还是这座校门，最早迎来解放上海的中国人民解放军，成为解放军指挥解放上海战役的临时指挥所之一。上海解放后，学校正门北侧挂上了毛主席题写的"交通大学"校名，这一题字一直沿用至今。"文化大革命"时期，神圣的"交通大学"校牌被几个造反派头头在月黑风高的夜晚摘下，偷换上一块以造反派派系命名的"反到底大学"的牌子。第二天太阳升起，目睹被亵渎了的校门，全校师生激愤了，要勇敢地护卫自己的家门。摘牌者只好在夜深人静时把窃走的校牌送了回来。2010年，校友捐赠名贵木材，校门正中恢复20世纪40年代的竖匾，"交通大学"字样取自交大老校徽中篆体校名。

改革开放后，交大人以敢为天下先的胆魄率先走出国门，迈出了中国高校走向国际的第一步。上海交通大学从此成为国内外最具号召力的高校之一，吸引了无数关注的目光。许多年来，成千上万求知若渴的学子跨入这座校门，又有成千上万完成学业的青年走出这座校门。一批又一批学者专家进出其间，社会贤达、企事业家蜂拥而来，朱红的校门将进出的人们映衬得神采飞扬、踌躇满志。

如今，徐汇校区正门，与校内的中院、老图书馆等老建筑已在上海市优秀近代保护建筑、全国重点文物保护单位之列。凝聚着百年沧桑的老校门焕发出勃勃的生机，迎接着交大更大、更广的发展。

毛体"交通大学"的由来

孙 琦

孙琦，上海交通大学原党史校史研究室研究人员。

原载上海交通大学校友会编：《思源》2013年第3期，第66—67页。

中国的题词文化源远流长，既有文人墨客诗书作画相互题词之雅兴，也有皇帝及达官贵人题词之尊荣。不论何者，能够获得名人题词，可以说是无限的光荣。且看今日各大名胜古迹，无不以拥有名人手迹为自豪。而对于中国高校来说，校名题写历来是件大事，倘若能够获得名家政要亲笔题词，对于整个学校来说，不啻是个巨大的荣耀，甚至对于学生也是一种别样的激励。今日，我校校牌校徽使用的是毛体"交通大学"四字，这是很多人都知道的事实，但是这几个字是否是毛主席的亲笔题词，它又是如何得来的，却未必有很多人知晓。

新中国成立后，国内大部分大学仍沿用国民政府时期的校名和校徽，交通大学也不例外，但这显然已不合时宜。旧的校名和校徽不能用，那么新的又该采用怎样的样式呢？不少师生希望同清华、北大等大学一样，校徽上的题字能由毛主席亲笔题写。为慎重起见，校委会还专门在学校进行了一项调查，结果赞成更改旧校徽并请毛主席题词者574票，反对者325票。因此，1951年1月，交大以全体师生员工的名义向毛主席致信，请求题写交通大学校名，认为"人民的学校，能得到人民的领袖来题字，是最最光荣的，我们每一个人都将珍视这份光荣"，并希望将其悬挂在校门及印制在校徽上。不过，该信迟迟未得到回应。1951年3月底，学校致信中央人民政府办公厅，询问主席能否为我校题词。该信很快就有了回音，4月17日，学校接到中共中央办公厅秘书室来信，谓毛主席的工作很忙，不能给你校题字。

毛主席不能为我校题词，但广大师生员工希望获得毛主席题词的热情并未减退。恰逢此时的北方交通大学几经周折获得了毛主席亲笔写的"北方交通大学"的校名题词，而我校与该校渊源深厚，关系密切。学校于是决定向该校借用题字底稿，以订制校徽。1951年5月5日，校学生会去函北方交通大学，该校5月10日便予以回复，表示同意，只是因为"该字底稿，现已交商制版，未便抽寄"，因此原字描写一张寄予我校。既然订制校徽借用了北方交通大学的题词，那悬挂在校门口原由吴稚晖题写的校匾能否同样换为毛主席的题词呢？学校对此非常谨慎，认为不能随意借用，而需经过中共中央的同意。学校先上书上海市委办公厅，询问是否可以将借用的毛主席题词用于我校校匾，再经上海市委办公厅向中共中央办公厅询问。在得到肯定的答复后，同时为求准确起见，我校于1952年12月22日再次去函北方交通大学，询问能否借用毛主席所题写的"北方交通大学"原稿。12月29日，北方交通大学以最快的速度给予回复，同意将原稿借予我校制作校匾，同时称"该项题字已送我院陈列馆编号陈列，用毕仍请将原件挂号寄还，以示郑重"。

我校收到毛主席手稿后，确定由总务科朱峥老师将手稿上的"交通大学"四个字放大，制成木质竖式校名牌，悬挂于学校大门；同时将手稿送到金相实验室，由黄明志老师拍照留底。各项事情办妥后，学校于1953年3月将题词原稿寄还北方交通大学。

读者或许会问，当时的北方交通大学怎么就能够得到毛主席的青睐，获得其亲笔题词呢？实际上，北方交通大学校名在1950年才正式确定，当时毛主席已先后为北京、清华等校题写了校名。北方交大师生员工对此非常羡慕，校长茅以升请主管单位铁道部正式函请中央人民政府办公厅，请毛主席为学校题写校名，不过并未得到回应。1951年3月，北方交大又就请毛主席题写校名的事向中央人民政府办公厅递送了报告，但仍未得到回音。这个时间与我校请求毛主席题词的时间是一样的。所不同的是，该校于4月11日向铁道部部长滕代远写了个报告，要求滕部长当面请求毛主席给学校题词。滕部长见信后，找了个机会，于4月20日将请求呈递毛主席，当面向其转达了学校师生员工的热切希望。这才有了毛主席给北方交通大学的题名。毛主席在一张"中国人民革命军事委员会"信笺上，写了两行"北方交通大学"的字样，并在下行的右上角画了个小圈，表示该行字写得较满意，要选择的话可选择这行。这也成为毛主席为交通大学题写的唯一题词。

如今，当年位于上海的交通大学已发展成为上海交通大学和西安交通大学两所著名高校，虽然处在不同地方，但校名仍然使用毛主席题写的"交通大学"四个苍劲有力的大字。北京交通大学与西南交通大学的校门牌也同样使用的是毛体"交通大学"。这几所在历史上曾同属一个"交通大学"的学校在历尽沧桑、独立发展之后，虽然各放异彩，却在校名使用上保持着别样的统一。

"拖鞋门"的故事

范祖德

范祖德，1931年生，浙江嘉善人。1948年考入上海光华大学法律系。1955年调入交通大学，历任系党总支书记、校党委宣传部部长、基建办主任、总务长、闵行二部主任、副校长等职。1996年离休，担任上海交通大学校史编纂委员会顾问、离休干部党委副书记、离休干部第一党支部书记。

原文见范祖德：《大学的校门》，《上海交大报》2000年10月20日，第4版。徐赛等整理改编为《吐槽"拖鞋门"的你，可曾知道它背后的故事？》一文，发表于微信公众号"上海交大档案文博管理中心"（2017年11月24日）。收入本书时文字有改动。

上海交通大学的前身南洋公学诞生于1896年，建校时学校大门选定在校园的东南角，前面有徐家汇三条主要河道之一的李枞泾流经门口。河上原有一座木桥，称为校门桥。过了桥，就看到了当时的校门——四柱三门的木牌坊，中间门楣上写有校名。1926年，交大30周年校庆之际，校友们捐资建造了一座钢筋水泥桥，用以取代原来的木桥。1935年，学校的新校门落成，基本形成今日徐家汇校门的建筑式样。

1985年，为满足学校教学、科研快速发展的需要，上海交大在全国率先启动新校区建设，地点选在了闵行地区东川路北侧、横泾港东侧、淡水河西侧范围内，离上海市中心31公里，距徐汇校区23公里。闵行校区的占地面积几倍于徐汇校区，是交大希望之所在。1986年，新校区即将完工。大门如何建？与徐汇校区大门开在东南角不同，新校区大门这次按照中国的文化传统选择向南开设。也许是交大与水的缘分源远流长，闵行校区南临东川路，内侧也有一条东西流向通往黄浦江的内河。这一条小河，是要保留，还是要填平？成为摆在大家面前的难题。

从历史上说，上海是一座依水而建、因水而兴的城市。水对于上海来说既是一种资源，更是一种情怀。所以，学校毅然决定，保留这条小河静静守候着新校区。既然有条河，那必然要建一座桥。可是建了桥，门又怎么办？新校区，新起点，门和桥都要反映时代的特点和交大的未来。在大家头脑风暴之后，似乎并没有很好地想清楚校区大门的建造方案。如果乱建，造起来感到不妥，再拆再建至少是浪费。但有一点共识——桥是一定要造的。就这样，一座校门桥的概念诞生在了闵行新校区。上海市政设计院受邀为校门桥做设计。他们一共提出了8个方案，经过听取各方意见，"八里挑一"的校门桥脱颖而出。

原定1987年4月开工的闵行二部校门桥，为迎接新生，实际开工日期提前了5个月。1986年12月，由铁道部第四工程局六处承建的上海交大闵行二部校门桥正式开工。学校主事者对闵行校园环境建设的重视程度前所未有，每一土、每一木、每一砖、每一瓦，都要经过多次细心雕琢。作为新校区的标志性建筑，这座校门桥也同样受此礼遇。学校领导、基建处负责人和施工单位多次开会讨论桥梁的构建和装饰问题。这样，原定1987年9月竣工的校门桥，10月才正式竣工，建造工作持续整整10个月。

这座校门桥，采取了两根从桥南侧向空中拱起的弧形钢筋混凝土拱梁，在空中合为一根，落在桥的北侧，正符合学校提出的不搞可关闭式的校门，以示"开放"的理念。整个校门桥的颜色以白色为主，下面贴有瓷砖，当年有人提议是否将桥染成"七彩色"，被学校主事者否定了，原因是随着岁月的流逝，颜色会慢慢退却，最质朴的颜色，才是永恒和经典。校名牌也突破了老的样式，设计了一块很小的横写的铜制铭牌，落在桥的中间。

建筑师对校门桥的创新构思，当年的解释为：张开双臂，欢迎来交大。桥为学校带来了新意，在河面不是太宽的内河上没有看到过这种造型的桥，于是为人们留下了丰富的想象空间。有的说桥展开双臂，象征中国的改革开放；有的说桥张开了双臂欢迎年轻的同学和朋友们；有的说桥流畅的曲线展示着古老交大的青春活力，曲线也表达了交大的前进历程；有的说透过桥的曲线结构，看到广阔的校园和高高耸立的国旗，一股爱我中华的感情就会涌动……校门桥建好之后，广大师生和主事者都很认同，也没有人主张再建一座校门。桥就是门，门就是桥。如果说中国高校没有"实物门"的主校门，可能就数上海交大闵行校区的这扇大门了。

1997年，闵行校区庆祝10周年之际，《上海交大报》刊登了一篇名为《闵行校区道路、景点正式命名》的通讯。通讯中表示，闵行校区自1987年建立至今，校区的道路、景点一直未予正式命名，只能姑且称其"校门桥"……可以看出，在闵行校区建成的前十年，大家还是习惯称它为"校门桥"或者"闵行二门"。在这次命名工作中，经过广泛的征集，前后经历10稿的反复修改，它有了一个新的名字——凌云桥。它的含义，文中给了如下解释：

> 杜甫《戏为六绝句》："庾信文章老更成，凌云健笔意纵横。"
> 成语：壮志凌云。

2007年，这座校门桥迎来了一个好听的名字，叫作"思源门"，出处是学校的校训"饮水思源 爱国荣校"。"思源"二字，是交大人精神核心的烙印，将其赋予闵行校区的这座校门桥，可以看出学校师生对它的重视与喜爱。

如今，这座校门桥已经30多岁。它是历届同学毕业留影的必选之地。从远处看，这座门有点像一只大号的人字拖鞋，于是后来它有了一个别名叫"拖鞋门"，如今可谓是学校最具人气的大门。

交大校园里的石狮子

谢绳武

谢绳武，1943年生，浙江上虞人，教授、博士生导师。1966年毕业于上海交通大学工程物理系核反应堆专业，1981年获得上海交通大学应用物理系硕士学位。曾任上海交通大学应用物理系主任、研究生院院长。1997年7月至2006年11月任上海交通大学校长。

本文写于2023年5月，系作者应本刊编辑部约稿而作。

中国文化认为石狮子可以帮助保护家宅和所在单位的安宁。从网络上可以查得，狮子的造型在不同的时期有不同的特征：汉唐时强悍威猛，元朝时身躯瘦长有力，明清时较为温顺。清代，石狮子的造型已经基本定型。

南洋公学建校时，大门口并没有安放石狮子。徐汇校区东大门在1935年落成时，也没有安放石狮子。据我不完全了解，该门开始安放石狮子是在20世纪80年代中期，由《应用科学学报》赠送给上海交大一对石狮子。这对石狮子是用汉白玉雕刻而成，做工精细，质量上乘。雄狮的基座上刻有"人杰地灵"，雌狮的基座上刻有"星汉璀璨"和"山东掖县工艺美术雕刻厂制 一九八五年春"的字样。由此推断，它应该是《应用科学学报》为祝贺上海交大九十周年校庆而赠。1996年百年校庆前夕，交通大学福建校友会为庆贺母校百岁诞辰，捐赠了一对青石材质的石狮子，其造型是舞狮，体量较大，安放在学校东大门门口，大小更加合适。于是，原先《应用科学学报》赠送的石狮子就被移动，安放在徐汇校区总办公厅东门门口的两侧。

2003年1月徐汇校区内的董浩云航运博物馆开馆前夕，大铁锚已经安装到位，我和沈卫平副校长、金董建平女士商议，觉得董浩云航运博物馆正门口似乎缺少一点什么，就建议把总办公厅门口、《应用科学学报》赠送的石狮子借移到这里来。这个建议得到了学校党政领导的同意。20年来，这对石狮子一直安静地守护在董浩云航运博物馆门口，为博物馆增色不少。

2003年下半年至2004年年初期间，学校党政领导商议要为徐汇校区东大门更换一对汉白玉的坐狮。原因一是觉得坐狮比舞狮更加庄重、威严，二是觉得汉白玉的石狮子更加明亮、典雅。关于狮子的材质问题，校内也有同志建议采用青铜材质。但是据说青铜的坐狮、麒麟等只能在皇家园林或建筑物的门口安放使用，寻常的民间建筑物门前是不能随意安放的。此后，学校领导、后勤集团、校办、基建处的相关同志专程驱车前往江苏省宜兴市一带专门加工、出售汉白玉石狮子的集市实地调查、考察，石狮子加工企业的领导也多次来上海交大徐汇校区勘查。最后这对汉白玉的石狮子由上海交大后勤集团出资订购，赠送给学校。

2004年春夏之交，在徐汇校区东大门门口举行了汉白玉石狮子的落成安放仪式。一对威武、雄壮、洁白的石狮子身披红色绸带，安静地坐落在东大门的两侧。校党委马德秀书记、我、张世民副校长以及后勤集团、党委宣传部、校办、基建处的领导，石狮子生产企业的领导等参加了落成仪式，并合影留念。一晃19年过去了，东大门的汉白玉石狮子不仅守护了上海交大校园的安宁，也为以后闵行校区二期建设中石狮子的使用提供了样本。

东大门原有的青石舞狮被安放在闵行校区包玉刚图书馆门前。徐汇校区总办公厅门口的石狮子借移到董浩云航运博物馆门口后，有两年时间一直没有安放石狮子。2005年前后，学校联系定做了两对不同大小的小号汉白玉石狮子分别安放在总办公厅的东门和北门，一直至今。

闵行校区二期建设开始后，我们自然而然地想到也要放置几对石狮子。经闵行校区二期建设领导小组多次集体商议，并报请学校党政领导同意，决定在闵行校区东大门、南大门、行政楼A楼门口三处各放置一对汉白玉石狮子。闵行校区东大门是由我校船建学院刘朔坦教授领衔主持设计，传承了徐汇校区东大门的样式，按比例放大，由苏州某建筑公司建造而成。其主要精髓是"紫气东来"。闵行校区东大门门口的一对石狮子随着东大门的放大而放大。这对石狮子由交通大学无锡校友会捐赠。其做工非常精美，令人百看不厌。2007年以后，东大门的门额上加上了"交通大学"的校名牌匾，画龙点睛，更显得精神。石狮子同东大门一起成为闵行校区的标志性建筑，也成为上海交通大学的标志。

闵行校区的南大门采用中西合璧的罗马式造型，被同学们戏称为"凯旋门"。门框高18.96米，与上海交大成立在1896年相呼应。为了同雄伟的南大门相匹配，南大门门口的石狮子比东大门门口的石狮子更大，目前是我校校园中尺寸最大的一对石狮子。这对如此大尺寸的汉白玉石狮子，其石材原料就很难寻觅，加工和运输也非常困难。最后历经千辛万苦，终于按时完工，而且效果也是非常好。2006年4月，学校110周年校庆前夕，闵行校区东大门和南大门相继举行落成典礼。那段时间，我们几乎每天都要去看看这两对可爱的汉白玉石狮子。

闵行校区行政楼A楼是学校校领导的主要办公场所。在其门口两侧也安放了一对汉白玉石狮子，以同徐汇校区总办公厅相呼应。这对汉白玉石狮子同样做得非常精美，令人赞叹不已。

闵行校区的三对石狮子都是由闵行校区二期建设指挥部在总指挥张世民副校长领导下落实设计、选材、加工、运输，我们向他们表示衷心的感谢。我们也要感谢《应用科学学报》、上海交大后勤集团、交通大学福建校友会、交通大学无锡校友会的慷慨捐赠。

南洋公学时期校门

交通部南洋大学校门、校门桥雪景

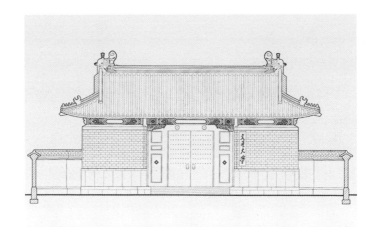

1934年，交大乙卯级（1915级）校友发起捐资重建校门，基泰工程公司承接校门设计。图为2002年前后学校对该校门进行保护性整修时，根据基泰公司原始设计所绘复原图（东立面）

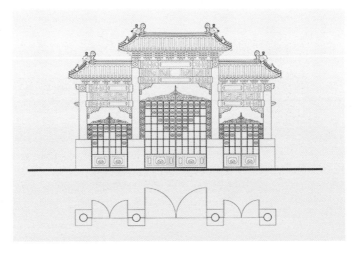

基泰工程公司1934年校门设计备选方案

1935年6月，仿古宫殿式校门正式落成，张廷金、黎照寰、吴培初之女、裘维裕（自左向右）等出席落成礼

20世纪60年代步出校门的交大学子

今日徐汇校区华山路校门

闵行校区东大门（紫气东来门）

闵行校区思源门（拖鞋门）

闵行校区南大门（凯旋门）

今日徐汇校区华山路校门前的毛体
校牌与汉白玉坐狮

闵行校区包玉刚图书馆门前的青石舞狮

五所交大历史渊源关系简图

《交大记忆》征稿
暨校史文献实物征集启事

《交大记忆》校史辑刊以"聚焦沧桑岁月，展示时代风貌，构建共同记忆，传承交大文脉"为宗旨，现设以下六个专栏：

黉门哲思：以收录精辟文论为主，纵论交大发展变迁，探微大学精神文化。

上庠菁英：以回忆性纪念文章为主，聚焦交大师生校友人物，展现交大人的精神风貌。

南洋留痕：收录交大人求学、从教往事杂忆，倾听交大人讲交大事、抒母校情。

峥嵘岁月：聚焦交大党史人物与故事，追寻红色记忆，赓续红色血脉。

珍档掌故：发掘校史珍贵档案文物，讲述档案文物背后的动人往事。

风物探源：追踪老房子、新建筑及校园史迹遗存，探寻校园建筑风物背后的历史沧桑与人文情怀。

针对以上栏目，诚邀全校师生、海内外校友及社会各界人士：

一、记述您记忆中的交大故事。回首校园时光，追忆师长同窗……梦回交大，畅叙记忆中的交大人与交大事。

二、推荐您读书所见交大校史、党史相关佚文佳作。名师轶事、校友传文、校园掌故、经典论说……润心启智，与交大人分享您眼中的精彩交大故事。

三、捐赠校史文献与实物，讲述它们背后的故事。捐赠能够反映交通大学各时期校史党史的图书、教材、手稿、书信、证章、照片、纪念册、声像资料，以及其他各类具有纪念价值的文献档案资料与实物，并向我们讲述它们背后的点滴故事。

所有征集文献实物将统一分类建档管理，用于学校党史、校史研究及展陈宣教事业。

构建共同记忆，传承交大文脉！期待您的来稿来件！

联系人：崔延平

联系电话：（021）54740139　13793147696

电子邮箱：cuiy@sjtu.edu.cn

联系地址：上海市闵行区东川路800号上海交通大学档案文博管理中心417室（校史研究室），邮编200240

上海交通大学《交大记忆》编辑部

2023年6月